D1718355

Michael Friebe

Ruhestandsplanung für Selbstständige und Freiberufler

Fehlt der Wohlstand am Ende des Lebens?

Michael Friebe, Jahrgang 1964, ist seit 1996 als selbstständiger Steuerberater tätig. Als Partner der Kanzlei friebe & partner (*www.fp-steuern.de*) liegt sein Tätigkeitsschwerpunkt in der Unternehmensnachfolgeplanung, Vermögens- und Vorsorgeplanung, sowie der Kooperationsbildung von Freiberuflern.

Die Kanzlei ist spezialisiert auf Unternehmen, die im Gesundheitswesen (Ärzte, Homecare-Unternehmen, Pflegeheime, Physiotherapeuten, Apotheken) tätig sind. Die Betreuung erfolgt bundesweit.

Michael Friebe ist Initiator der internetbasierten DATEV-Beratungsplattform „Branchenberatung Ärzte" und des Beratungskonzepts „Lifemap". Darüber hinaus ist er noch als Referent und Autor tätig. Zudem coacht er bundesweit Berufskollegen.

DATEV eG, 90329 Nürnberg (Verlag)

© 2014 Alle Rechte, insbesondere das Verlagsrecht, allein beim Herausgeber.

Dieses Buch und alle in ihm enthaltenen Beiträge und Abbildungen sind urheberrechtlich geschützt. Mit Ausnahme der gesetzlich zugelassenen Fälle ist eine Verwertung ohne Einwilligung der DATEV eG unzulässig.

Im Übrigen gelten die Geschäftsbedingungen der DATEV.

Printed in Germany

Mandelkow GmbH, 91074 Herzogenaurach (Druck)

Joh. Leupold GmbH & Co.KG, 91126 Schwabach (Umschlagdruck)

Angaben ohne Gewähr

Titelbild: © Wavebreak - gettyimages.com & © Iakov Kalinin - fotolia.com

Stand: Mai 2014

DATEV-Artikelnummer: 36365 / 2014-05-01

E-Mail: literatur@service.datev.de   ISBN 978-3-944505-12-1

 Auch als E-Book erhältlich (DATEV-Art.-Nr.: 19498): ISBN 978-3-944505-13-8

Vorwort

Jeder Bürger sollte – nach einem meist anstrengenden Arbeitsleben – genügend Geld für einen sorgenfreien Ruhestand haben. Deutschland ist ein wohlhabender und auch ein sozialer Staat. Somit sollten auch die meisten Bürger dieses Ziel erreichen. Zumindest hat dies für den breiten Mittelstand, der in den letzten zwei Jahrzehnten die Ruhestandsgrenze erreicht hat, fast durchgängig Gültigkeit.

Für die zukünftigen Ruhestandsgenerationen sieht es dagegen nicht so rosig aus. Nicht nur der Staat, sondern auch der Bürger verschuldet sich immer mehr. Die Wirtschaft soll um jeden Preis angekurbelt werden. Einen Preis, den wir auf diesem Niveau nicht mehr lange zahlen können. Und die daraus entstehenden Kosten werden die nachfolgenden Generationen tragen müssen. Das ist heute schon sicher.

Ich möchte mit diesem Buch keine apokalyptischen Horrorszenarien einer bevorstehenden Altersarmut zukünftiger Generationen entwickeln. Mein Ziel ist vielmehr, Ihnen zu zeigen, was Sie tun können, damit Sie beruhigt in den Ruhestand gehen können.

Prüfen Sie genau, wie viel Sie für Ihren Ruhestand ansparen müssen. Dazu erstellen Sie am besten einen Plan, der es Ihnen erlaubt, kontinuierlich ausreichend Vermögen zu bilden. Insbesondere die selbstständigen Unternehmer haben an dieser Stelle ein hohes Maß an Eigenverantwortung. Den meisten fehlt dieser Fahrplan! Hinzu kommt oft eine eklatante Fehleinschätzung, wann und auf welchem finanziellen Niveau der Ruhestand eingeleitet werden kann.

Natürlich ist es auch wichtig, im Hier und Jetzt zu leben – eine Fähigkeit, die gerade uns Deutschen oftmals abgesprochen wird. Dennoch sollten wir unseren Blick ab und zu etwas nach vorne richten, um die richtigen Weichen zu stellen. Wenn einmal der Fahrplan steht (und Sie ihn auch einhalten), können Sie sich wieder voll und ganz Ihrer südländischen Seite widmen.

Ziel dieses Buches ist es auch, Ihnen Spaß an der Ruhestandsplanung und der Vermögensbildung zu vermitteln – auch, wenn eine der Kernbotschaften Spardisziplin heißt, also (Teil-)Konsumverzicht, um später Freude am Ruhestand zu haben. Natürlich brauchen Sie es nicht unbedingt wie Dagobert Duck zu machen und in Ihrem Geld baden. Aber entwickeln Sie ruhig einen gewissen Spaß am Sparen. Machen Sie es zu einem positiven, emotionalen Erlebnis.

Wie das geht? Dazu muss man sich ab und an selbst überlisten. Ich weiß das aus eigener Erfahrung. Denn auch ich neige – trotz meines Berufes – zu Spontankäufen und habe einen Hang zu den üblichen Spielzeugen für den Mann um die 50.

Heutzutage haben wir nämlich einen Anspruch, den wir dringend überprüfen sollten: Wir wollen alles sofort, auch wenn wir das Geld noch nicht dafür (angespart) haben. Ein gutes Beispiel ist der Autokauf. Mein Vater kaufte Zeit seines Lebens immer erst dann ein neues Auto, wenn er das Geld dafür angespart hatte. Leasing oder Finanzierung waren nie eine Option. In der Zwischenzeit freute er sich auf die Erfüllung seines Wunsches oder seiner Investition und beschäftigte die Autoverkäufer mit zähen Preisverhandlungen. Dieses heute seltene Verhalten hat zwei entscheidende Komponenten: Sie entdecken die Vorfreude, ein bestimmtes Investitionsziel zu erreichen, und Sie kaufen sich in der Regel nur das, was Sie sich auch wirklich leisten können.

Wenden Sie die gleiche Systematik auch auf Ihre Vermögens- und Ruhestandsplanung an. Sie investieren in einen finanziell sorgenfreien Ruhestand zu einem Zeitpunkt, der im besten Fall von Ihnen selbst bestimmt wird. Das ist ein Ziel, auf das es sich lohnt zu sparen und auf das Sie sich freuen können.

Natürlich ist das alles nicht ganz leicht. Holen Sie sich deswegen zur Erreichung Ihrer monetären Ziele professionelle Unterstützung. Ich kann Ihnen dafür einen idealen Wegbegleiter anbieten: Ihren Steuerberater! Ihm können Sie nicht nur Ihre Steuer, sondern oftmals Ihre gesamte Lebenssituation anvertrauen. Er ist derjenige, der Ihre gesamte finanzielle Situation kennt und der Sie in der Regel über Jahrzehnte mit seinem neutralen Rat begleitet.

Haben Sie jetzt aber erst einmal Spaß am Lesen dieses Buches, obwohl und gerade, weil es um ein existenzielles Thema geht.

Nürnberg, Mai 2014   *Michael Friebe*

Der Inhalt im Überblick

1 | Ruhestandsplanung

Ruhestandsplanung ist nichts anderes, als den finanziellen Rahmen für ein ganzes Leben zu bestimmen. Das ist wie ein großes Mosaik, dass Sie Stück für Stück zusammensetzen müssen. Dieses Bild wird sich ständig verändern, so wie Ihr Leben auch.

Ruhestandsplanung ist etwas sehr Komplexes, weil Sie einen langen Zeitraum – mit vielen Unbekannten – planen müssen. Niemand kann wissen, was in den nächsten 30 oder 40 Jahren wirklich passiert. Wie wird sich die Welt verändern, in der Sie leben? Was sind Ihre Lebensträume und welche lassen sich davon verwirklichen? Das sind alles spannende Fragen. Aber es ist auch schwer, jetzt konkrete Antworten darauf zu finden. Fangen Sie trotzdem an. Schaffen Sie sich zunächst einen Überblick über Ihre derzeitige Lebenssituation und über das, was vor Ihnen liegt. Konkretisieren Sie Ihr Ruhestandsziel. Gut ist es, dabei zu wissen, wie lange Sie in Ihrem Leben arbeiten können und wollen und wie viel Vermögen Sie benötigen, um ein finanziell sorgenfreies Rentnerleben führen zu können.

1.1 Überblick für den Durchblick – Grundsatzfragen für einen wohlverdienten Ruhestand

Bevor wir gleich zu den zwei wirklich spannenden Fragen kommen – Wie viel Geld benötigen Sie insgesamt für einen sorgenfreien Ruhestand und wie viel müssen Sie monatlich dafür sparen? – möchte ich ein paar grundsätzliche Fragen ansprechen. Einige können Sie sicherlich sofort beantworten, bei den anderen spielt das Schicksal eine große Rolle (Tod, Krankheit, beruflicher Erfolg, die Liebe Ihres Lebens, Kinder). Über folgende Fragen sollten Sie sich zunächst Gedanken machen:

- Wie lange werde ich statistisch gesehen leben – und wie viele Jahre muss ich davon arbeiten? (→*Kapitel 1.1.1*)
- Wie hoch sind meine Ausgaben in jeder Lebensphase? (→*Kapitel 1.1.2*)
- Wie entwickeln sich Ihr Vermögen und die daraus resultierenden Erträge? (→*Kapitel 1.1.3*)

1.1.1 Wie lange werde ich statistisch gesehen leben – und wie viele Jahre muss ich davon arbeiten?

Entwicklung der Lebenserwartung in Deutschland
- ausgewählte Ergebnisse
- Lebenserwartung bei Geburt (geschätzt)

Geburtsjahrgang	Trend männlich	Trend weiblich
1909	51,58	58,60
1919	56,33	63,64
1929	63,21	71,10
1939	68,46	76,03
1949	71,68	78,33
1959	74,85	81,15
1969	77,27	83,24
1979	79,37	85,01
1989	81,00	86,42
1999	82,16	87,45
2009	83,07	88,28

Quelle: destatis

Abbildung 1: Entwicklung der Lebenserwartung in Deutschland

Nach der neuesten Sterbetafel 2009/11 des Statistischen Bundesamts haben männliche Neugeborene eine Lebenserwartung von 77,7 Jahren, weibliche von 82,7 Jahren. Das sind statistisch fast zehn Jahre mehr als nach der Sterbetafel von 1970/72 – zunächst einmal eine sehr beruhigende Prognose für den bevorstehenden Ruhestand. Zieht man jedoch in Betracht, dass auf durchschnittlich 35 bis 40 Erwerbsjahre über 20 Ruhestandsjahre fallen, dann bekommt man langsam ein Gefühl dafür, welcher finanzielle Kraftakt vonnöten ist, um für den Ruhestand vorzusorgen. Wenn sich also die Rentenzeiten verlängern, müssen Sie auch grundsätzlich länger arbeiten, sonst lässt sich der Wohlstand wahrscheinlich nicht finanzieren.

Selbstständige arbeiten oft gerade in der Aufbauphase ihres Unternehmens überdurchschnittlich viel. Das kostet sehr viel Lebenskraft, insbesondere auch deswegen, weil wir – auf Grund der vielfältigen Kommunikationsmedien – intensiver und mit viel kürzeren Reaktionszeiten arbeiten als früher. Planen Sie daher ein, dass Sie Ihr Unternehmen nicht ewig mit „Volldampf" vorantreiben können. Die harte Arbeit fordert früher oder später ihren Tribut und Sie müssen Ihre Arbeitszeit reduzieren. Reduzieren Sie freiwillig, bevor Ihr Körper Sie durch Krankheit zu einer Zwangspause oder vielleicht sogar zum Aufhören zwingt.

Viele Unternehmer planen daher auch einen fließenden Übergang in den Ruhestand. Ein häufiger Wunsch ist es, die Arbeitszeit ab dem 55. Lebensjahr erstmals zu reduzieren und dann ab dem 60. Lebensjahr nur noch so viel zu arbeiten, wie es auch Spaß macht. Bei der Ruhestandsplanung geht es auch nicht darum, wann Sie tatsächlich mit dem Arbeiten aufhören wollen. Solange Ihre Arbeit Sie erfüllt und Ihre Kräfte es erlauben, können Sie arbeiten. Es geht vielmehr darum, wie lange Sie arbeiten müssen, bis Sie finanziell für den Ruhestand abgesichert sind.

Haben Sie auch einkalkuliert, dass Sie vielleicht plötzlich nicht mehr (voll) arbeitsfähig sind? Längerfristige Krankheit, Berufsunfähigkeit oder ein plötzlicher Tod kommen immer unerwartet. Sie führen dann meist zu einem finanziellen Fiasko, falls keine Risikovorsorge getroffen wurde. Die Leistungen einer Krankentagegeld-, Berufsunfähigkeits- oder Risikolebensversicherung ersetzen dann das fehlende Einkommen. Sie sollten diese Versicherungen unbedingt schon in jungen Jahren abschließen. Nicht nur um abgesichert zu sein – im Alter werden solche Versicherungen teuer oder Sie bekommen gegebenenfalls nur einen eingeschränkten Versicherungsschutz.

1.1.2   Wie hoch sind meine Ausgaben in jeder Lebensphase?

Erinnern Sie sich noch an Ihre Zeit vor dem Berufseinstieg? Gefühlt hatte man da am meisten Geld zur Verfügung. Warum? Weil man zu dieser Zeit noch wenige Ausgaben hatte. Genau an dieser Stelle heißt es, besonders aufzupassen. Die fixen Ausgaben steigen schneller an, als man glaubt. Natürlich dürfen Sie sich etwas leisten, wenn Sie lange und hart arbeiten. Aber werden Sie nicht zur Geisel Ihrer eigenen Ausgabenstruktur! Viele steigern automatisch (!) ihren Konsum mit steigendem Einkommen, ohne zu hinterfragen, ob dieser Konsum auch wirklich mehr Lebensqualität bringt. Unangenehm wird es, wenn das Einkommen temporär sinkt, was bei Selbstständigen durchaus normal ist. Die meisten können dann ihren lieb gewonnenen Konsum nicht einschränken. Das daraus resultierende Defizit geht dann meist zu Lasten der Sparquote und exakt hier verlassen Sie den Weg der Tugend.

Selbstverständlich sinken die laufenden Ausgaben im Ruhestand: Die Kinder sind aus dem Haus, das Haus ist abbezahlt, alle wesentlichen Anschaffungen sind getätigt und es müssen keine Rücklagen für die Altersvorsorge mehr gebildet werden. Somit sinkt der Finanzbedarf um ein Drittel gegenüber der Erwerbsphase. Dadurch ergibt sich eine konkrete Größe, die Sie im Idealfall durch Ihre Ruhestandsbezüge abdecken.

Die Kosten können aber auch schnell wieder ansteigen. Nämlich dann, wenn Sie pflegebedürftig werden. Natürlich können Sie bis ins hohe Alter vital sein. Das wünschen wir uns alle. Aber es kann auch anders kommen. Pflegekosten können nicht nur Ihre Ruhestandsbezüge überschreiten, sondern mit der Zeit auch Ihr Vermögen aufbrauchen. In früheren Generationen wurde die Pflege fast ausschließlich durch den Familienverbund aufgefangen. Das ist nicht nur ökonomisch sinnvoll, sondern auch vom sozialen Aspekt her äußerst wünschenswert. Dieser Generationenvertrag verliert aber leider immer mehr an Bedeutung. Vielleicht bewahren Sie diese Verpflichtung in Ihrer Familie. Das bedeutet jedoch auch, dass Sie gegebenenfalls erst einmal Ihre Eltern pflegen müssen.

1.1.3 Wie entwickeln sich Ihr Vermögen und die daraus resultierenden Erträge?

Eine der größten Herausforderungen unserer Zeit ist die Sicherung des realen Wertes unseres Vermögens. Wir befinden uns nämlich in einer Phase der Repression, d. h. der finanziellen Unterdrückung der Sparer. Die hoch verschuldeten Industriestaaten (Abb. 2) müssen sich in den nächsten Jahrzehnten auf Kosten der privaten Haushalte und institutionellen Anleger (wie Versicherungsgesellschaften, Vermögensverwalter und Pensionskassen) entschulden (Abb. 3).

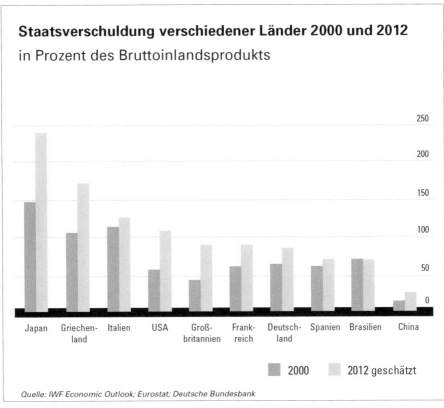

Staatsverschuldung verschiedener Länder 2000 und 2012

in Prozent des Bruttoinlandsprodukts

Abbildung 2: Staatsverschuldung verschiedener Länder 2000 und 2012

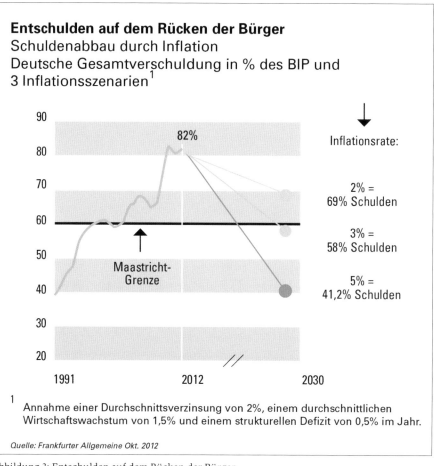

Entschulden auf dem Rücken der Bürger
Schuldenabbau durch Inflation
Deutsche Gesamtverschuldung in % des BIP und
3 Inflationsszenarien[1]

Inflationsrate:

82%

2% =
69% Schulden

Maastricht-
Grenze

3% =
58% Schulden

5% =
41,2% Schulden

1991   2012   2030

[1] Annahme einer Durchschnittsverzinsung von 2%, einem durchschnittlichen Wirtschaftswachstum von 1,5% und einem strukturellen Defizit von 0,5% im Jahr.

Quelle: Frankfurter Allgemeine Okt. 2012

Abbildung 3: Entschulden auf dem Rücken der Bürger

Auch Deutschland ist hoch verschuldet.

Historisch betrachtet war die Schuldenquote nur noch nach den beiden Weltkriegen höher als heute. Damals waren es die Kriegsschulden, heute sind es die Folgen der Finanzkrise und eines nicht mehr bezahlbaren Wohlstandsstaates (Abb. 4: Deutschlands Staatsschulden seit 1850). Zum Abbau der Schulden müsste der Staat massiv Kosten einsparen und die Steuern anheben. Das ist aber politisch nicht durchsetzbar. Die Staatsentschuldung führt daher – wie in den USA nach dem zweiten Weltkrieg – durch Absenkung der Kapitalverzinsung unter die Inflationsrate.

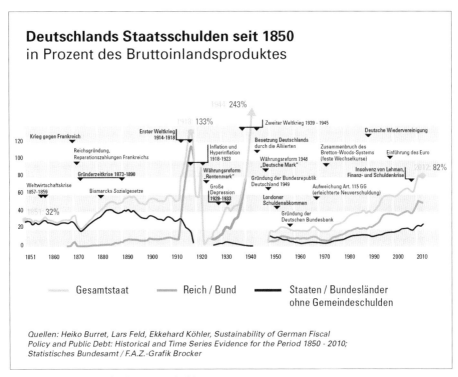

Abbildung 4: Deutschlands Staatsschulden seit 1850

Das wiederum führt zu negativen Realzinsen. Im Klartext: Ihr Vermögen verliert an Wert, während frühere Generationen durch ihre realen Erträge das vorhandene Vermögen noch mehren konnten. Die logische Konsequenz ist: Sie müssen Ihre Sparquote erhöhen oder Ihr Einkommen steigern. Ein Hamsterrad beginnt sich zu drehen.

Selbst wenn wir die Zeit negativer Realzinsen überwunden haben sollten, halten Sie sich den Kaufkraftverlust, der durch die Inflation entsteht, immer vor Augen. Selbst moderate Inflationsraten zwischen 2 % und 3 % halbieren Ihr Geldvermögen innerhalb von 30 Jahren (Abb. 5: So schrumpft die Kaufkraft des Geldvermögens).

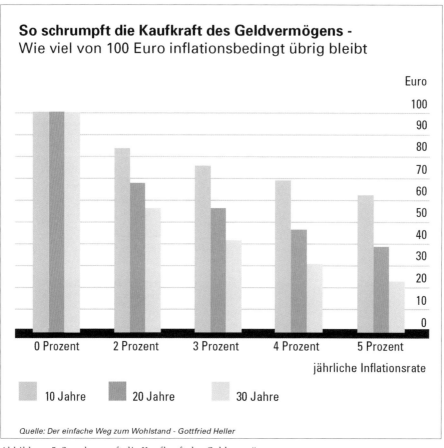

So schrumpft die Kaufkraft des Geldvermögens -
Wie viel von 100 Euro inflationsbedingt übrig bleibt

Quelle: Der einfache Weg zum Wohlstand - Gottfried Heller

Abbildung 5: So schrumpft die Kaufkraft des Geldvermögens

Wenn es ganz schlimm kommt, müssen wir nicht nur die eigenen Staatsschulden, sondern auch die unserer Europäischen Nachbarn stemmen. Denn die Target-salden[1] zwischen Deutschland und den GIIPS-Staaten (Abb. 6) sind seit der Finanzkrise auf über 700 Milliarden Euro angewachsen. Somit wird das Sparvermögen der Deutschen in bloße Ausgleichsforderungen gegenüber der Europäischen Zentralbank verwandelt und kann bei einem Auseinanderbrechen der Euro-Zone wie eine Seifenblase zerplatzen. Angesichts dieser volkswirtschaftlichen Gewitterwolken könnte einem glatt die Lust am Sparen vergehen.

---

[1] Bei den Targetsalden handelt es sich um Forderungen und Verbindlichkeiten einer National-bank gegenüber der Europäischen Zentralbank (EZB).

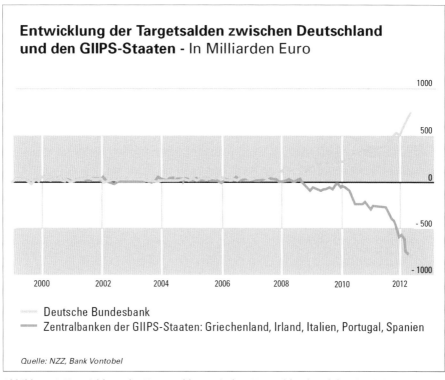

Abbildung 6: Entwicklung der Targetsalden zwischen Deutschland und den GIIPS-Staaten

1.2 Der Musterrentner und sein Vorsorge-portfolio – Zielfoto Ruhestand!

Um ein konkretes Bild von der finanziellen Ausstattung im Ruhestand zu bekommen, schauen wir uns einfach einen Selbstständigen (nebst Ehegatten) an, der es nach vielen Jahrzehnten in den wohlverdienten Ruhestand geschafft hat. Einen Freiberufler (z. B. Architekt, Steuerberater oder Rechtsanwalt), der irgendwann nach Kriegsende geboren ist und sich die letzten zehn Jahre in den Ruhestand begeben hat. Dieser Musterrentner ist in unserem Fall natürlich nicht das Ergebnis statistischer Berechnungen, sondern ein Unternehmermandant, wie er typisch für diese Generation ist: Auf Grund der Nachkriegserfahrungen hatte er eine hohe Sparquote und konnte am wirtschaftlichen Aufstieg der Bundesrepublik nach dem Krieg teilhaben. Eine günstige Konstellation, auf die leider nicht alle Leser treffen werden.

Seine Vermögensbilanz ergibt zum Renteneintritt folgendes Bild:

Vermögenswerte:	
Eigenheim	600.000 Euro
Kapitalwert private Rentenvorsorge	500.000 Euro
Vermietete Eigentumswohnung	200.000 Euro
Aktiendepot	100.000 Euro
Sparguthaben	50.000 Euro
Gold, Silber als Exchange-Traded Fund (ETF)	50.000 Euro
Summe	1.500.000 Euro
SCHULDEN	keine!

Die Vermögensbilanz zeigt, dass unser Musterrentner sich auch mustergültig verhalten hat, indem er sich bis zum Renteneintrittsalter vollständig entschuldet hat. Typisch ist auch, dass auf das Eigenheim mehr als ein Drittel des Gesamtvermögens entfällt. In nicht wenigen Fällen beträgt der Anteil sogar bis zu 50 %, was definitiv zu hoch ist. Für den Wohnwert des Eigenheims ist natürlich entscheidend, wo der Musterrentner seinen Altersruhesitz hat. In München, Hamburg oder Stuttgart dürften 600.000 Euro für ein Eigenheim schon nicht mehr ausreichend sein. In anderen Städten, wie z. B. Nürnberg, Leipzig oder Bremen, kann man sich dagegen für diesen Wert schon ein ordentliches Haus leisten.

Das zweite Drittel des Vermögensportfolios entfällt auf den Kapitalwert (Ansparung zzgl. Verzinsung) der privaten Rentenvorsorge. In der Regel wurde in eine klassische Rentenversicherung angespart oder wie bei Freiberuflern, in ein Versorgungswerk eingezahlt. Daraus resultiert eine monatliche Rente (vor Steuern) von ca. 3.000 Euro monatlich.

Das Eigenheim erzielt durch die Mieteinnahmen einen Nettoertrag von monatlich 500 Euro (vor Steuern). Bei dem Aktiendepot wurden hauptsächlich Dividendentitel ausgewählt, die im Durchschnitt eine Verzinsung von 5 % (vor Steuern), d. h. monatlich 416 Euro bringen. Das Sparguthaben in Höhe von 50.000 Euro weist keine nennenswerte Verzinsung auf. Gleiches gilt für die Gold- und Silberanlage, die als „eiserne" Reserve dient.

Es ist unschwer zu erkennen, dass unser Musterrentner und seine Ehefrau problemlos von den laufenden Einkünften leben können. Unterhaltskosten für das Haus, die private Krankenversicherung und die Lebenshaltungskosten dürften die größten Positionen unter den laufenden Ausgaben sein. Von der restlichen Liquidität kann das Ehepaar sicherlich noch ein paar schöne Reisen unternehmen. Es ist ihnen zu gönnen.

Die Vermögensausstattung unseres Musterrentners dient zunächst als Zielvorgabe. Denn sie ermöglicht, die laufenden Ausgaben durch die monatlichen Erträge zu bestreiten. Zusätzlich bestehen noch Rücklagen für zukünftige Anschaffungen oder notwendige Investitionen, wie z. B. ein neues Auto, Instandhaltungen am Eigenheim oder gegebenenfalls eine Pflegekraft.

1.3 Der Vorsorgemarathon – strukturiert und mit viel Ausdauer durch das Erwerbsleben!

Die Zielvorgabe für Ihre Altersvorsorge beträgt typisiert 1,5 Millionen Euro! Das klingt nach sehr viel Geld, ist es auch. Natürlich kann sich auch ein völlig anderer Wert ergeben, wenn Sie Ihre individuelle Vorsorgeplanung erstellen. Die Praxiserfahrung zeigt jedoch, dass selten weniger Vermögen als 1 Million Euro gebraucht wird. In einigen Fällen, insbesondere wenn das Eigenheim teurer geworden ist, muss mehr als der Referenzwert angespart werden. Da ist es naheliegend, von einem Vorsorgemarathon zu sprechen. Denn Sie müssen gut vorbereitet an den Start gehen und für eine sehr lange Zeit kontinuierlich Vorsorge betreiben. Wie dieser Marathon verläuft, verdeutlicht Ihnen die folgende Illustration (Abb. 7):

Abbildung 7: Ihr persönlicher Vorsorgemarathon

Für viele beginnt der Start zur Altersvorsorge mit Anfang 30. Die Wenigsten sind Überflieger, die mit Anfang 20 schon die erste Million verdient haben. Viele haben studiert, brav ihr BAföG zurückgezahlt, haben sich mit dem ersten Verdienst einen Hausstand eingerichtet oder erst einmal das Leben in vollen Zügen genossen. Schließlich will man nichts verpassen, bevor man sich dem Ernst des Lebens widmet.

Verteilen Sie zunächst das o. g. Zielvermögen von 1,5 Millionen Euro auf Ihre geplante Lebensarbeitszeit. Falls Sie mit 30 Jahren starten und vorzeitig mit 60 Jahren in den Ruhestand gehen wollen, dann müssen Sie alle zehn Jahre eine halbe Million Euro ansparen. Das bedeutet für jedes Jahr 50.000 Euro aus meist zu versteuerndem Einkommen (je nach Anlageform). Das klingt jetzt fast wie ein Marathon mit eingebautem Hürdenlauf. Diese Empfindung ist richtig. Obwohl die Deutschen im internationalen Vergleich schon zu den fleißigen Sparern[2] gehören.

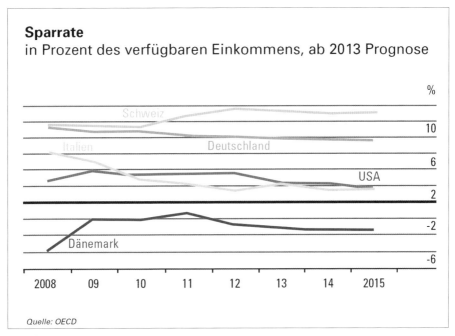

Abbildung 8: Sparrate

---

[2] Der durchschnittliche deutsche Arbeitnehmer spart ungefähr 30 % seines Einkommens für den Vermögensaufbau: 10 % freiwillige Sparrate und ca. 20 % in die gesetzliche Rentenversicherung (AN- und AG-Anteil).

Hier sind gleich noch einige Hürden, die es zu nehmen gilt:

- Sie dürfen keine größeren Fehlinvestitionen tätigen,
- Sie können sich keine teure Scheidung leisten (natürlich kann man auch durch eine Scheidung oder beziehungsweise dem richtigen Heiraten ein Vermögen verdienen),
- Sie müssen Ihre Arbeitskraft und -freude erhalten, die wirtschaftlichen Rahmenbedingen dürfen sich nicht dramatisch verschlechtern.

Sie fragen sich jetzt wahrscheinlich: Wo bleibt da die Freude am Sparen – das Dagobert-Duck-Gefühl, das uns versprochen wurde? Ich gebe Ihnen recht: Bis jetzt könnte man eher die Lust verlieren und in eine Winterdepression verfallen.

1.3.1 Die Lebenssparkurve

Aber nun zur ersten Phase Ihrer Lebenssparkurve – die Zeit zwischen dem 30. und 40. Lebensjahr. Es ist eine spannende Lebensphase, in der die meisten ihre Selbstständigkeit etablieren und eine Familie gründen. Somit investieren sie in ihr Unternehmen und meist in ein Eigenheim. Wenn das auch auf Sie zutrifft und Sie es besonnen angehen, entstehen dadurch zwei wertvolle Investments. Dafür müssen Sie wahrscheinlich Schulden aufnehmen. Und jetzt kommt das Zauberwort für diese Dekade: **Negativsparen!** Das bedeutet nichts anderes, als sich mit Schwung und Elan zügig zu entschulden. Der Kaufmann wird an dieser Stelle den Einwand bringen: Nutzen Sie den Leverage-Effekt.[3] Denn ein bestimmter Verschuldungsgrad erhöht die Rentabilität. Außerdem ist das Zinsniveau niedrig und Schulden können bei einer drohenden Geldentwertung ein entscheidendes Gegengewicht in Ihrem Vermögensportfolio darstellen. Das alles ist richtig. Der lebenserfahrene Steuerberater wird Ihnen aber trotzdem sagen: Entschulden Sie sich. Denn das hat zwei Effekte. Einmal gilt: Was weg ist, ist weg. Der viel wichtigere Effekt aber, den man in keiner betriebswirtschaftlichen Vorlesung gelehrt bekommt: Sie disziplinieren automatisch Ihr Konsumverhalten, weil Sie einen Großteil Ihrer Liquidität zur Tilgung verwenden. Da Ihr Einkommen als Selbstständiger natürlichen Schwankungen unterworfen ist, sollten Sie jedoch flexible Tilgungsmöglichkeiten (z. B. Sondertilgungen) vereinbaren, um nicht in eine künstliche Liquiditätsfalle zu geraten.

---

[3] Leverage-Effekt oder auch Hebelwirkung: Durch Einsatz von Fremdkapital (anstelle von Eigenkapital) können Sie die Eigenkapitalrendite Ihres Investments erhöhen.

Während des nächsten Lebensabschnittes – zwischen dem 40. und 50. Lebensjahr – sollten Sie sich beruflich etabliert und einiges an Schulden abbezahlt haben. Nutzen Sie die frei gewordene Liquidität, um Ihre Altersvorsorge auf ein breiteres Fundament zu stellen. **Diversifikation** ist das Schlüsselwort in dieser Phase. Niemand kann Ihnen heute sicher voraussagen, welche Rentenansparsysteme am Ende wirklich funktionieren und welche Anlageklasse auch noch in 20 oder 30 Jahren ihren Wert behalten hat. Der Selbstständige hat an dieser Stelle einen entscheidenden Vorteil gegenüber dem Angestellten. Er kann sein Vorsorgeportfolio selbst gestalten, sich breit aufstellen und flexibel auf Veränderungen reagieren. Sehen Sie dieses Gestalten als etwas Positives, das Ihnen Spaß bereiten kann, weil es Ihnen immer mehr Sicherheit in Ihrer Ruhestandsplanung gibt. Außerdem können Sie auch bewusst einmal ein höheres Anlagerisiko eingehen, um die Gesamtrendite Ihres Vermögens zu steigern.

Im letzten Abschnitt Ihrer Lebenssparkurve können Sie in der Regel die höchste Sparquote erzielen, da meist alle wichtigen privaten Investitionen abgeschlossen sind. Die Kinder sollten auch ab Mitte 50 nicht mehr bei Ihnen im Haus leben und hoffentlich keine Belastung mehr für die Haushaltskasse darstellen. Mit diesem **Sparturbo** können Sie vielleicht auch nachholen, was Sie an Vermögensaufbau in den ersten zwei Dekaden nicht geschafft haben. Auch diese Phase hat natürlich ein Motto: Bleiben Sie auf dem Pfad der Tugend! Denn viel zu viele (fast ausschließlich Männer) stürzen sich Anfang 50 in ihre persönliche Midlife-Crises und beginnen mit einem jüngeren Partner noch einmal ein neues Leben mit weiteren Kindern. Damit fällt die Sparkurve deutlich flacher aus oder sie fällt komplett ins Wasser. Die daraus resultierende „doppelte Haushaltsführung" zwingt dann selbst Menschen mit üppigen Gehaltschecks ganz schnell in die Knie. *Behalten Sie deshalb immer einen kühlen Kopf.* Das ist wahrscheinlich der beste Spartipp, den ich in diesem Buch habe!

Jetzt sind Sie dem Ziel Ruhestand ganz nah. Sie müssen nur noch Ihr Unternehmen oder Ihren Unternehmensanteil versilbern. Die Liquidation dieser Anlageklasse kann noch einmal über Wohl oder Wehe Ihrer finanziellen Ausstattung im Ruhestand entscheiden. Der berufliche Ausstieg eines Selbstständigen muss vor allem rechtzeitig eingeleitet werden, damit er funktioniert. Finanzielle Dramen spielen sich immer dann ab, wenn der Unternehmer nicht rechtzeitig loslassen kann. Das Unternehmen muss logischerweise spätestens ab dem geplanten Ruhestand auch ohne den „alten Chef" funktionieren. Ansonsten ist es vielleicht sogar unverkäuflich. Die Unternehmer der heutigen Generation scheinen aus den Fehlern ihrer Väter zu lernen. Sie identifizieren sich zwar mit ihrem Unternehmen, sehen dem Abschied aus dem Berufsleben aber gelassener entgegen. Es gilt auch hier der Grundsatz: *Wenn es am schönsten ist, sollte man aufhören.* Am schönsten ist es in diesem Fall, wenn Sie den höchsten Preis erzielen können und legal so wenig wie möglich an den Fiskus abgeben müssen. Ab dem 55. Lebensjahr gibt es deswegen einmalig und auf Antrag den „halben Steuersatz" und einen Freibetrag auf den Veräußerungsgewinn. Sie müssen sich also nicht zu sehr beeilen.

Fazit

Ich hoffe, Sie haben jetzt einen ersten Eindruck, wie die ganze Sache mit dem Ruhestand finanziell funktionieren kann. Fassen wir aber trotzdem noch einmal die wichtigsten Aspekte zusammen:

Rechtzeitig mit dem Sparen anzufangen, ist wichtig. Sonst reicht die Lebensarbeitszeit nicht, um einen immer längeren Ruhestand zu finanzieren. Gewöhnen Sie sich nicht an zu viel Konsum. Stattdessen sollten Sie Ihr Eigenheim und Ihr Unternehmen möglichst schnell entschulden. Mit ansteigendem Vermögen ist es ratsam, Ihre Vorsorgeplanung auf unterschiedliche Ansparsysteme zu verteilen. Niemand weiß, was die Zukunft bringt. Setzen Sie deswegen nicht alles auf eine Karte. Spätestens mit 55 Jahren sollte Ihr persönlicher Sparturbo für einen überdurchschnittlichen Anstieg der Sparkurve sorgen. Dabei dürfen Scheidung, Krankheit oder Berufsunfähigkeit nicht zu einem ungeplanten Vermögensabbau führen. Am Ende der Lebenserwerbsphase sorgt hoffentlich der Verkauf Ihres Unternehmens für den letzten, entscheidenden Vermögenszuwachs, um wohlverdient in den Ruhestand gehen zu können.

2 | Ihr persönlicher Vorsorge-Fahrplan

Zur Erstellung Ihres persönlichen Vorsorge-Fahrplans benötigen Sie *professionelle Unterstützung*. Ihr *Steuerberater* kann Sie dabei am besten unterstützen.

Zunächst einmal haben Sie sich eine grobe Übersicht über Ihre Vorsorgeplanung gemacht. Jetzt geht es an die Ausarbeitung. Die Planung Ihrer finanziellen Absicherung für den Ruhestand ist kein isolierter Vorgang. Vielmehr ist er ein Baustein in einer langen Kette von Planungsprozessen, die Ihr Leben betreffen (Abb. 9).

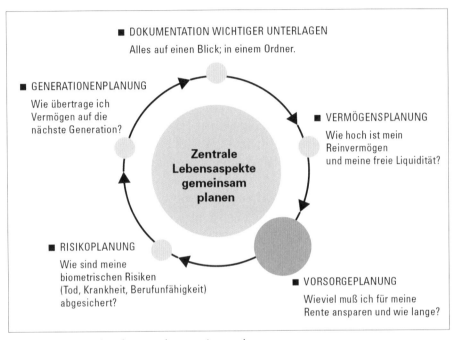

Abbildung 9: Zentrale Lebensaspekte gemeinsam planen

1. Beginnen Sie mit der klassischen Vermögensplanung, indem Sie Ihr Reinvermögen (Vermögenswerte minus Schulden), die Vermögensstruktur und die Ertragskraft der darin enthaltenen Anlageklassen ermitteln.
2. Danach untersuchen Sie Ihre Ausgabenstruktur: Wie viel Ihres Einkommens verwenden Sie aktuell für Konsum und wie viel davon sparen Sie?
3. Dann erst folgt die Vorsorgeplanung: In welche Rentensysteme sparen Sie für den Ruhestand und wie lange benötigen Sie dafür?
4. Anschließend sichern Sie Ihren finanziellen Vorsorgeplan noch gegen Tod, längerfristige Krankheit und Berufsunfähigkeit ab.
5. Und falls am Lebensende noch etwas übrig bleibt, dann können auch Kinder und Enkel in die Planung mit einbezogen werden.

2.1   Unterlagen sammeln mit System: Das Ordnungskonzept „Lifemap"

Es klingt banal, aber zunächst einmal müssen Sie Ordnung in Ihre Unterlagen bringen. Klingt auch ganz einfach, aber nicht wenige scheitern schon an dieser ersten Hürde. Meistens fehlt gerade den Selbstständigen die Zeit, ihre privaten Unterlagen ordentlich zu sortieren. Die DATEV und damit Ihr Steuerberater haben dafür ein Ordnungssystem: die Lifemap.[4] Damit strukturieren sich Ihre Unterlagen natürlich nicht von selber. Aber Sie erhalten eine einfache und praktische Ordnungshilfe.

Die Lifemap ist zunächst einmal ein Ordner für den Selbstständigen, in dem Sie zur Vermögens-, Vorsorge-, Risiko- und Generationenplanung einleitende Fachinformationen finden. Anhand von Musterbeispielen können Sie die notwendigen Berechnungen nachvollziehen. Für jedes Planungsszenario wurde ein Fragebogen zur Standortbestimmung entwickelt, damit Sie den konkreten Bedarf ermitteln können. Da der Lifemap auch ein gesondertes Register zur Dokumentenablage beigefügt ist, können wichtige Verträge und Unterlagen (z. B. Ehevertrag, Testament, Darlehensverträge und Versicherungsscheine) in das Ordnungssystem integriert werden.

Insbesondere die beigefügten Schnellübersichten (→*Anhang*) geben Ihnen einen komprimierten Überblick über ein sonst unübersichtliches Zahlenmeer. Denn Sie können die hohe Komplexität der Vorsorgeplanung nur dann auflösen, wenn Sie die wichtigsten Kennzahlen zusammenfassen.

---

[4] Ihr Steuerberater kann Ihnen die Lifemap bei der DATEV eG bestellen; natürlich können Sie auch andere vergleichbare Konzeptordner (z. B. von den Sparkassen) verwenden.

2.2   Der Vermögensstatus – wie hoch ist Ihr derzeitiges Reinvermögen?

Machen Sie Kassensturz! Ermitteln Sie Ihre Vermögenswerte und ziehen Sie davon Ihre Schulden ab (Abb. 10). Was übrig bleibt, ist Ihr Reinvermögen – oder noch einfacher ausgedrückt: das, was Sie bis jetzt angespart haben. Diese Kenngröße sollten Sie auf jeden Fall parat haben. Die wenigsten Selbstständigen haben ein Gefühl davon, auf welchem Niveau sich ihr Reinvermögen befindet. Dafür haben Sie viel wichtigere Kennzahlen im Kopf: die PS-Zahl Ihres Autos, die Anzahl der Pokalsiege Ihres Lieblingsvereins und wie oft der Nachbar in diesem Jahr schon in den Urlaub gefahren ist. Bei einigen habe ich das Gefühl, dass sie das Ergebnis gar nicht wissen wollen, denn sie könnten vielleicht sogar mehr Schulden als Vermögenswerte haben. Das ist übrigens keine Frage des Einkommens. Überschuldete Haushalte finden sich in jeder Einkommensklasse. Sie müssen nur mehr ausgeben, als Sie verdienen und das ist leichter, als Sie denken.

Vermögensstatus

VERMÖGEN	SCHULDEN
■ Immobilien (12- bis 14fache der Jahresrohmiete)	■ Darlehen (Restwert zum Stichtag)
■ Versicherungen (Rückkaufswert)	■ Kontokorrent-Kredit
■ Wertpapiere (Kurswert zum Stichtag)	■ Steuerverbindlichkeiten
■ Unternehmenswert (Durchschnittlicher Gewinn nach Unternehmerlohn vor Steuern multipliziert mit Faktor 3)	■ Reinvermögen
■ Private oder gesetzliche Rentenanwartschaften (Barwert zum Stichtag oder eingezahlten Beträge)	
■ Geschlossene /offene Investitions- fonds, Schiffsfonds, Windparkfonds, etc. (meist keine konkrete Wert- ermittlung möglich)	
■ Sonstiges (Bargeld, Sparbuch, Edelmetalle)	

Abbildung 10: Vermögensstatus

Bewerten Sie jetzt Ihre einzelnen Vermögenswerte zum gewählten Stichtag. Das ist nicht ganz so einfach. Bei den Immobilien dürfen Sie natürlich nicht die ursprünglichen Anschaffungskosten ansetzen. Zur Ermittlung des aktuellen Verkehrswerts kann Ihnen Ihre Bank behilflich sein. Im Rahmen Ihrer jährlichen Selbstauskunft werden in der Regel auch die einzelnen Immobilien bewertet. Die Banken haben dafür eigene Immobilienspezialisten. Falls Sie selbst eine grobe, konservative Einschätzung vornehmen wollen, verwenden Sie folgende Faustformel:

Aktueller Verkehrswert = Jahresrohmiete[5] x Faktor 12[6]

Falls Sie Ihr Eigenheim bewerten wollen, fehlt Ihnen natürlich der Mietwert. Setzen Sie stattdessen die ortsübliche Miete[7] an. Bei den Versicherungen[8] ist die Bewertung wiederum einfach. Sie erhalten von Ihrem Versicherer jedes Jahr den aktuellen Rückkaufswert unaufgefordert zugeschickt. Dasselbe gilt für Ihr Wertpapierdepot. Auch da erhalten Sie einen Vermögenswert zum Ende des Jahres. Weitaus schwieriger wird es mit den Beteiligungen,[9] da es meist keinen Zweitmarkt gibt. Demzufolge sind sie nicht jederzeit handelbar und es fehlt ein daraus resultierender Marktwert. Die Erfahrung zeigt, dass in nur wenigen Fällen die ursprünglichen Anschaffungskosten wieder realisiert werden. Eine Halbierung des ursprünglichen Vermögenswerts oder ein Totalverlust sind leider keine Seltenheit. Testen Sie einfach die Verkaufschancen Ihrer Beteiligung. Teilen Sie Ihrem Finanzberater mit, dass Sie verkaufen wollen. Dann soll er Ihnen einen möglichen Verkaufswert und einen geeigneten Verkaufszeitpunkt nennen. Wahrscheinlich erscheint der Finanzberater jetzt nicht mehr so souverän und eloquent, wie beim Abschluss der Beteiligung.

Jetzt fehlen nur noch die Werte Ihrer privaten Rentenansparprodukte (Versorgungswerk, Rürup, Riester, betriebliche Altersvorsorge). Wenn Sie garantierte

---

[5] In der Jahresrohmiete sind die Nebenkosten und die Umsatzsteuer nicht enthalten.

[6] Bei besonders guten Lagen ist auch ein Faktor 13 oder 14 gerechtfertigt.

[7] Für die meisten Städte sind offizielle Mietspiegel erhältlich. Detailliere Informationen finden Sie unter www.mietspiegel.com.

[8] Rentenversicherungen, Kapitallebensversicherungen.

[9] Beteiligungen an Private-Equity Fonds, offenen oder geschlossenen Immobilienfonds, Schiffs- oder Windparkbeteiligungen, etc.

Rentenzusagen zu einem festen Zeitpunkt haben, dann können Sie den Barwert[10] zum aktuellen Bewertungsstichtag ermitteln lassen. Erscheint Ihnen das zu kompliziert, können Sie auch einfach die bisher eingezahlten Beträge nehmen. In Ihrer Berechnung fehlt Ihnen natürlich jetzt noch die Verzinsung Ihrer Kapitalbildung. Diese könnte bei einer Einzahlung über mehrere Jahrzehnte durchaus ein Drittel Ihres Endvermögenswerts sein. Aber genau diese Verzinsung wird immer unwahrscheinlicher. Lassen Sie diese einfach für die aktuelle Vermögensbetrachtung zunächst außer Acht.

In einem letzten Schritt ziehen Sie noch Ihre Schulden von dem eben ermittelten Vermögen ab, um das sog. Reinvermögen zu erhalten. Bitten vergessen Sie nicht die Kontokorrent- und Kreditkarten-Salden, die Konsumkredite[11] sowie die aktuellen Steuerverbindlichkeiten. Dann wissen Sie, ob Sie Ihrem Rentensparziel schon erfreulich nah sind oder Ihnen stattdessen Ihre Verschuldung langsam über den Kopf wächst.

2.3 Der Liquiditätsstatus – die Suche nach dem Geldfluss!

Das Geld ist schneller weg, als man denkt – nur, wo ist es hin? Die Szenen sind immer die gleichen. Sie werfen einen Blick auf die aktuelle betriebswirtschaftliche Auswertung Ihres Unternehmens. Sie freuen sich, dass Sie einen ordentlichen Gewinn erzielt haben. Doch dann trübt sich Ihr Gesicht und Sie fragen sich, wo das Geld hin ist, das Sie verdient haben. Auf dem Bankkonto ist es nämlich nicht mehr. Dann beginnt – hoffentlich – die Suche nach dem ausgegebenen Geld. Geben Sie dieser Suche gleich eine klare Struktur, wenn Sie beginnen. Bilden Sie drei Gruppen (Abb. 11), die Ihnen unmissverständlich aufzeigen, für was Sie Ihr Geld ausgeben.

---

[10] Abgezinster Wert zum Bewertungsstichtag.

[11] z. B. Angebot eines Elektronik-Discounters: „48-Monate mit null Zins" und plötzlich stand der neue Vierfach-HD-Super-Sound-Plasma-Fernseher im Wohnzimmer.

Abbildung 11: Liquiditätsstatus

Die größte Gruppe dürften die Konsumausgaben sein. Ausgaben für Lebensmittel, Wohnen, Mobilität, Reisen, Hobby und vieles mehr. Hier siedeln sich auch die Ratenzahlungen für Konsumkredite an. In Amerika krankt schon eine ganze Nation an dieser Unsitte. So wie der Body-Mass-Index[12] dort in den letzten zwanzig Jahren rasant und flächendeckend angestiegen ist, so ist auch das Volumen der Konsumkredite angewachsen. Eine ähnliche Entwicklung lässt sich auch bei uns erkennen. Dabei funktioniert der Konsumkredit wie eine Daumenschraube. Man kauft sich etwas, was man sich aus der laufenden Liquidität nicht leisten kann. Auf Grund der Ratenzahlungen kann man sich dann noch weniger leisten. Folglich fühlt man sich – zu Recht! – eingeengt. Muss man mehrere Konsum-

---

[12] Wenn die Volkswirte schreien „die Wirtschaft muss wachsen", hat das Volk offensichtlich irgendetwas missverstanden.

kredite zurückführen, bleibt oftmals sogar die Luft weg. Stellen Sie sich an dieser Stelle – bevor Sie die Kaufentscheidung treffen – offen und ehrlich die Frage: Brauche ich das wirklich? Die Antwort kann in vielen Fällen mit einem klaren **Nein** beantwortet werden. Also Hände weg von zu viel Konsum!

Die zweite Gruppe bildet das Sparen. Dort und nur dort entsteht auch Ihre Rentenvorsorge. Es sind die Aufwendungen für Ihr Versorgungswerk, Ihre Rentensparpläne oder Tilgungen (nicht die komplette Rate) für Eigenheim oder Ihr Unternehmen. Leider passiert das im Verborgenen. Es bleibt unsichtbar für Ihr Umfeld[13] und verursacht bei Ihnen in der Ansparphase auch kein wirkliches Glücksgefühl. Deswegen wird es auch von Ihnen so stiefmütterlich behandelt. Konsumausgaben haben da eine ganz andere Wirkung. Sie wirken sofort, für Sie und für Ihr Umfeld. Das macht – zumindest momentan – glücklich und lässt Ihre Sparquote verkümmern. In den meisten Fällen ist es nämlich keine Entscheidung, nicht sparen zu wollen. Vielmehr bleibt durch den Konsum einfach nicht mehr genügend übrig für das Sparen. Durch die Unterteilung in Gruppen wird für Sie sichtbar (!), was Sie für Ihre Altersvorsorge aktuell tun oder auch nicht tun. Das sollte ein zusätzlicher Anreiz sein.

Bei der letzten Gruppe handelt es sich um die Risikoabsicherung. Dazu zählen Aufwendungen für Ihre Kranken-, Unfall- oder Haftpflichtversicherung, Ihre Risikolebensversicherung, sowie Ihre Berufsunfähigkeitsversicherung. Das sind Ausgaben für Ereignisse, die hoffentlich nie passieren. Diese Ausgaben sind deswegen aber nicht unnötig. Denn wenn diese Ereignisse eintreten, bedeuten Sie meist ein einschneidendes, menschliches Schicksal. Dazu darf dann nicht noch zusätzlich ein finanzielles Drama kommen. Leider denkt man, dass solche Schicksalsschläge nur Anderen passieren können. Das ist falsch. Deswegen sollten Sie an dieser Stelle besonders umsichtig planen.

Wenn Sie – in einem letzten Schritt – Ihre laufenden Ausgaben von Ihrem Nettoeinkommen[14] abziehen, sollte noch eine Liquiditätsreserve übrig bleiben. Ob Ihre Rechnung stimmt, zeigt Ihnen Ihr Bankkonto. Wenn Sie nicht alles ausgeben, was Sie verdienen, dann steigt Ihr Bankkonto an. Wenn es umgekehrt ist, dann steigt stattdessen Ihr Kontokorrent an. Zumindest solange, wie es Ihr Bankbetreuer zulässt.

---

[13] Außer Sie zeigen jedem Ihr Sparbuch oder Wertpapierdepot.

[14] Summe aller Einkünfte nach Steuern.

2.4 Fortschreibung von Vermögenswerten und Zahlungsströmen

Bisher haben wir immer nur bestimmte Zeitpunkte in der Vergangenheit betrachtet. Aber erst die Betrachtung von Vermögen und Geldflüssen in der Zukunft führt zu einer richtigen Planung des Vermögens und damit Ihrer Altersvorsorge. Die Fortschreibung der Vermögenswerte und Ihrer Geldflüsse auf Ihren geplanten Eintritt in den Ruhestand ist relativ einfach. Wenn Sie wissen, wie hoch Ihre Sparquote ist, wie viel Sie in der Vergangenheit an Vermögen jährlich gebildet haben und wie viel Vermögen Sie für den Ruhestand benötigen, dann steht Ihrem Fahrplan nichts mehr im Weg. Jetzt müssen Sie nur noch organisieren, wer den Plan zu welchem Zeitpunkt erstellt. Selbstverständlich können Sie diesen Plan[15] selbst erstellen. Mittlerweile gibt es genügend Finanzprogramme, die Sie dabei unterstützen. Als Selbstständiger sollten Sie sich aber fragen, ob Sie wirklich regelmäßig (!) die Zeit dazu finden. Ansonsten können Sie Ihren Steuerberater oder einen Vermögensverwalter damit beauftragen. Wichtig ist nur, dass Sie diesen Vorsorge-Fahrplan jährlich aktualisieren lassen. Überprüfen Sie dessen Entwicklung und treffen Sie die notwendigen Maßnahmen, falls Sie von Ihrer Zielvorgabe abweichen.

2.5 Die private Finanzbuchhaltung – eine unterjährige Kontrolle!

Als Unternehmer lassen Sie regelmäßig von Ihrem Steuerberater Ihre betrieblichen Vorgänge verbuchen. Warum tun Sie nicht das Gleiche für Ihre privaten Angelegenheiten? Somit bekommen Sie einen regelmäßigen Überblick über Ihre Einnahmen (z. B. Kapitalerträge, Mieteinnahmen, Beteiligungseinkünfte) und Ausgaben (z. B. Versicherungen, Hauskosten, Sparpläne). Ihr Steuerberater kann Ihnen für Ihre einzelnen Investments (Photovoltaikanlage, Eigentumswohnungen) gesonderte Auswertungen[16] zukommen lassen. Dann erkennen Sie rechtzeitig, wenn etwas nicht nach Plan verläuft. Oder Sie können sich einfach freuen, dass Ihr Vermögen wächst und gedeiht. So haben Sie alles – ohne viel Aufwand – im Blick.

---

[15] Im Anhang finden Sie eine DATEV Musterauswertung zur Risiko- und Ruhestandsplanung.

[16] Musterauswertungen können Sie dem Anhang entnehmen.

Mit der unterjährigen privaten Finanzbuchhaltung verkürzen Sie auch radikal den Vorbereitungsaufwand für das Bereitstellen der Einkommensteuerunterlagen. Sie kennen doch das Ritual, bevor Sie Ihren Termin beim Steuerberater haben: In einer Nacht-und-Nebel-Aktion werden alle Unterlagen zusammengetragen. Meist müssen dann noch in zwei oder drei Tranchen fehlende Unterlagen nachgereicht werden. Das ist ein riesiger Kraftakt, den keiner der Beteiligten benötigt. Durch das unterjährige Verbuchen aller steuerrelevanten Vorgänge können rechtzeitig fehlende Unterlagen angefordert werden. Das Schöne ist: Sie können nichts mehr vergessen.

Mit den Auswertungen der privaten Finanzbuchhaltung können Sie jetzt auch mit weiteren Beratern (Finanzdienstleister, Bankbetreuer, Versicherungsmakler, Vermögensverwalter) sehr schnell aktuelle Themen (zusätzliche Investments, Vermögensumschichtungen, zusätzliche Absicherungen) besprechen und entscheiden. Jetzt macht Vorsorgeplanung Spaß, denn Sie haben alles im Griff und bestimmen strukturiert die Vorgehensweise, zu Ihrem Wohl!

3 | Private Rentensparsysteme

Als Selbständiger können Sie Ihre Altersvorsorge selber gestalten. Prüfen Sie die Optionen sorgfältig. Denn beim Abschluss einer privaten Altersvorsorge binden Sie sich meist für ein ganzes Arbeitsleben.

Als Selbstständiger müssen Sie in der Regel[17] nicht in die gesetzliche Rentenversicherung einzahlen. Natürlich können Sie es. Aber nicht wenige haben den Weg in die Selbstständigkeit gerade deswegen gewählt, damit sie sich privat versichern können. Was ist so schlecht am gesetzlichen Rentensystem, wenn es so viele meiden wollen? Vielleicht nur der Ruf?

Ein kurzer Rückblick: Als Otto von Bismarck 1889 die gesetzliche Rentenversicherung ins Leben gerufen hat, waren die Renten wirklich noch sicher. Das lag aber nicht an Bismarck (Norbert Blüm hat einfach nur in der falschen Zeit gelebt!), sondern an den Rentnern. Die Rentenbezugsdauer lag damals nur bei durchschnittlich neun Monaten! Heute sind es durchschnittlich 16 Jahre und die nächsten Generationen werden noch länger Rentner sein. Aber auch die Anzahl an Rentnern wird noch einmal dramatisch ansteigen, wenn die Baby-Boomer (Jahrgänge 1958-1965) kommen. Mit Entwicklung und Verbreitung der Anti-Baby-Pille und dem sexuellen Befreiungsschlag der 68er-Generation erfolgte ein weiterer Genickschlag für das umlagefinanzierte Rentensystem in Deutschland. Seitdem bleiben nämlich die Kinder oder besser gesagt die potentiellen Einzahler aus! Und die sind es, die unsere gesetzlichen Renten schultern müssen. Das gilt seit 1957 und heißt vielversprechend Generationenvertrag. Eine schwere Last für zukünftige Generationen. Das spüren wir heute schon.

Das merkt auch der Staat. Um das System der gesetzlichen Rente weiter stabil zu halten, waren drastische Rentenreformen notwendig. Das Ergebnis ist ein höheres Renteneintrittsalter und ein deutliches Absenken des Netto-Rentenniveaus, insbesondere durch die schrittweise Vollbesteuerung der Renten bis 2040. Doch der demographische Wandel geht noch weiter. Somit wird es letztendlich unkalkulierbar, wie viel Rente tatsächlich einmal gezahlt werden kann. Das gilt besonders für Höchstbeitragszahler.

Die Frage ist nun: Sind die privaten Versorgungssysteme besser? Nicht unbedingt, denn das Problem des „langen Rentenlebens" haben auch private Versorgungssysteme zu schultern. So haben z. B. auch die berufsständischen Versorgungswerke ihr Renteneintrittsalter auf 67 Jahre angepasst, um die Renten bezahlbar zu machen. Dazu kommt noch ein weiteres Problem, das alle Rentenansparsysteme gemeinsam haben. Sie beruhen auf einem nominalen

---

[17] Versicherungspflicht besteht z. B. für selbstständige Lehrer und Erzieher, Pflegeberufe und Handwerker, die in der Handwerksrolle eingetragen sind. Im Detail: *Pohlmann, Isabell*, Stiftung Warentest, Altersvorsorge für Selbstständige, Berlin 2012, S.21 ff.

Geldversprechen, das uns selbst bei einer geringen Inflation eine falsche Rente vorgaukelt. Schuld sind aber nicht die Anbieter dieser Ansparsysteme, sondern wir selbst. Wir vergleichen den Rentenwert automatisch mit der Kaufkraft von heute (Was kann ich heute für beispielsweise 1.000 Euro kaufen?) und nicht mit der Kaufkraft bei Renteneintritt oder während der Rentenbezugsdauer. Da aber meist mehrere Jahrzehnte zwischen Vertragsabschluss und Renteneintritt liegen, ist der Kaufkraftverlust eine durchaus erhebliche Kalkulationsgröße. Beträgt die Inflation beispielsweise nur durchschnittlich 2 %, dann halbiert sich die Kaufkraft in 30 Jahren.

3.1 Die Lebensversicherung – der Klassiker der privaten Altersvorsorge

Lebensversicherungen waren jahrzehntelang der Klassiker der Altersvorsorge. Jeder hatte eine, gleichgültig ob Arbeitnehmer oder Selbstständiger. Derzeit gibt es in Deutschland 90 Millionen Verträge. Der Vorteil lag klar auf der Hand: eine nicht unerhebliche Garantieverzinsung über die gesamte Laufzeit, eine steuerfreie Auszahlung der Zinserträge nach zwölf Jahren Laufzeit und eine hohe Abschlussprämie für den Versicherungsmakler (die Abschlusskostenquote beträgt in der Regel zwischen 5 % und 6 % der gesamten eingezahlten Beträge,[18] die laufenden Kosten ca. 2,4 %[19]). Alle waren glücklich.

Die Zeiten haben sich leider geändert. Zuerst hat der Fiskus das Steuerprivileg einkassiert.[20] Nur noch Versicherungsverträge, die bis zum 31.12.2004 abgeschlossen wurden, können die Zinserträge steuerfrei nach zwölf Jahren Laufzeit ausschütten. Darüber hinaus wird der Garantiezins (Abb. 12) ständig abgesenkt (derzeit 1,75 % auf den Sparanteil), da die Versicherer mit ihrem defensiven Vermögensportfolio nicht mehr die notwendigen Renditen erwirtschaften können. Die Versicherer bringen deshalb neuartige Lebensversicherungen auf den Markt, für die es keinen durchgängigen Garantiezins mehr gibt. Abschnittsgarantien heißt das neue Zauberwort. Es ist ein verzweifelter Versuch, das Flaggschiff Le-

---

[18] *Balodis, Holger/Hühne, Dagmar*, Die Vorsorgelüge, Berlin 2012, S.154.

[19] Eine Provisionsdeckelung, wie sie bei der privaten Krankenversicherung existiert, sollte für alle privaten Rentensysteme eingeführt werden.

[20] Vielleicht müssen auch irgendwann Sozialabgaben auf Renditen von Lebensversicherungen gezahlt werden. In Frankreich werden seit 1997 schrittweise Sozialabgaben auf Spareinlagen erhoben. Derzeit sind es 13,5 %. Eine Anhebung auf 15,5 % ist geplant.

bensversicherung am Leben zu erhalten. Durch die unterschiedlichen Produktausprägungen der einzelnen Lebensversicherer wird aber eine objektive Vergleichbarkeit immer schwieriger und die ursprüngliche Sicherheit schwindet. Der Kunde wird zunehmend über den Direktvertrieb angesprochen, damit sich die Versicherer die teure Maklercourtage sparen. Damit bleibt aber auch die Beratung oftmals auf der Strecke.

Auf der Strecke bleiben auch viele Versicherungsverträge (geschätzt ca. 50 %!), die niemals ihr Ziel – eine planmäßige Auszahlung – erreichen. Dann gibt es natürlich nur den sog. Rückkaufswert,[21] d. h. die Versicherten erhalten das eingesetzte Kapital mit einer kaum nennenswerten Verzinsung zurück. Schon allein deshalb sollten bestehende Verträge niemals gekündigt werden. Eine Umschichtung in eine andere Anlageklasse dürfte nur in den wenigsten Fällen sinnvoll sein. Bei Abschluss von Neuverträgen sollten Sie zunächst auch abwarten, welche Produktvarianten sich durchsetzen und ob Sie damit Ihr eingesetztes Kapital wirklich real absichern und mehren. Im Moment ist die angebotene Kapitalverzinsung bei Lebensversicherungen einfach zu gering und die Kostenstruktur zu hoch, um sich für so eine lange Zeit zu binden.

Denn Sie müssen auf jeden Fall bis zum Ende des Vertrags durchhalten.

---

[21] Auf Grund der jüngsten Rechtsprechung sollten Sie auf jeden Fall eine Erhöhung der ausgezahlten Beträge beantragen. Ein aktives Handeln ist zwingend notwendig. Im Detail: *Welker, Daniel Dr.*, Und wieder: Berechnung des Rückkaufwerts bei Lebensversicherungen, NWB 41/2013, S. 3246-3249.

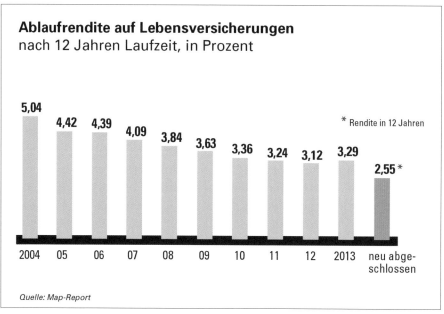

Abbildung 12: Ablaufrendite auf Lebensversicherungen

Abbildung 13: Entwicklung von Überschussbeteiligung und Garantiezins bei Lebensversicherungen

3.2 Die private Rentenversicherung[22] – eine Wette auf ein langes Leben

Im Gegensatz zur Lebensversicherung zahlt die Rentenversicherung in der Regel keinen einmaligen Betrag zu einem fixen Zeitpunkt aus, sondern eine monatliche Rente – ein Leben lang. Wer dann, wie z. B. Jopie Heesters, mit einem besonders langen Leben gesegnet ist, hat sicherlich viel Freude an seiner Rentenversicherung, weil er damit die Wette gegen den Versicherer gewinnt. Und genau darum geht es. Sie sichern ein langes Rentenleben ab. Das ist durchaus sinnvoll. Ein weiterer Vorteil ist auch, dass Sie sich nicht auf den „Generationenvertrag" verlassen müssen, sondern einen echten Vertragsanspruch auf Erfüllung einer bestimmten Rentenhöhe haben. Zumindest solange die Versicherungsgesellschaft existiert. Das Szenario, das dem einmal nicht so ist, war zumindest bis zur letzten Finanzkrise unvorstellbar. Jetzt sollten Sie auch diesen „schwarzen Schwan" mit in Ihre Überlegungen einbeziehen. Deshalb sind größere Versicherungen als Vertragspartner vorzuziehen.[23]

3.2.1 Steuerliche Förderung

Für die Effizienz des jeweiligen Rentenansparsystems ist es entscheidend, wie der Fiskus steuerlich die Beitragseinzahlungen und später die Rentenleistungen berücksichtigt. Dazu hat es 2005 mit dem Alterseinkünftegsetz[24] eine gesetzliche Neuregelung gegeben, die eine Unterteilung der Rentensysteme in drei Schichten vorgenommen hat.

In der ersten Schicht befinden sich die gesetzlichen Renten, die Beamtenversorgung, die Versorgungswerke und die Rürup-Rente. Der Gesetzgeber zählt diese zur Basisversorgung. Vorteil ist, dass die Beiträge – bis zu einem Höchstbe-

---

[22] Der Gesamtbestand an Privatrenten inkl. Riester- und Rürup-Renten betrug Ende 2008 schon 25,5 Millionen Verträge; *Balodis Holger/Hühne Dagmar*, Privatrenten und Lebensversicherungen, Düsseldorf 2010, S. 29.

[23] Die Allianz ist derzeit die einzige deutsche systemrelevante Versicherung. Systemrelevant bedeutet, dass diese Versicherung auf staatliche Unterstützung hoffen darf, wenn sie vor dem Untergang steht.

[24] Das Alterseinkünftegsetz geht auf ein Urteil des Bundesverfassungsgerichts aus dem Jahr 2002 zurück. Dort wurde die unterschiedliche Besteuerung von Renten und Pensionen für verfassungswidrig erklärt.

trag[25] – steuerlich zu berücksichtigen sind, dafür aber auch die Rentenleistungen bei Zufluss der nachgelagerten Besteuerung unterzogen werden müssen. Der Besteuerungsanteil steigt bis 2040 für jeden Rentenjahrgang an. Der bei Renteneintritt festgelegte steuerfreie Beitrag bleibt dann aber ein Leben lang gleich.[26] Im Klartext bedeutet es nichts anderes, als dass die Steuerersparnisse aus den Rentenbeitragszahlungen zur Aufstockung der Altersvorsorge verwendet werden sollen, um später einmal die um die Steuern reduzierte Nettorente zu sichern.

In die zweite Schicht werden die betriebliche Altersvorsorge (bAV, z. B. Pensionszusage für Gesellschafter-Geschäftsführer) und die Riester-Rente (staatlich geförderte private Zusatzvorsorge) eingeordnet. Die Beschäftigten können daher bei der betrieblichen Altersvorsorge Arbeitslohnanteile unversteuert in den Vorsorgetopf einzahlen. Die Rentenzahlungen müssen dann – genauso wie in Schicht eins – bei Zufluss versteuert werden. Der Steuerpflichtige profitiert davon, dass in der Ansparphase aus dem Bruttolohn die Rentenanwartschaft aufgebaut werden kann (Zinses-Zins-Effekt) und die Besteuerung bei Leistungszufluss in der Regel wesentlich niedriger ausfällt.

In der dritten Schicht befinden sich nun die Kapitalanlageprodukte, wie z. B. Lebens- und Rentenversicherungen. Die Beitragszahlungen werden – anderes als in Schicht eins und zwei – nicht mehr steuerlich gefördert. Sie werden aus bereits versteuertem Einkommen bezahlt (deshalb auch vorgelagerte Besteuerung). Bei Neuverträgen ab 01.01.2005 bleibt der Ertragsanteil zur Hälfte steuerfrei, wenn die Vertragslaufzeit mindestens zwölf Jahre war und der Vertrag nicht vor dem 60. Lebensjahr (bei Versicherungsabschluss ab dem 01.01.2012: 62 Lebensjahr) endete.

3.2.2 Die Sterbetafeln – es wird unterschiedlich gestorben in Deutschland

Je länger die Deutschen statistisch leben, desto geringer sind die Renten, die ein Versicherer auszahlt. Das ist nachvollziehbar, denn durch die Langlebigkeit verändern sich die „Wettbedingungen" und der Versicherer muss anders rechnen. Demzufolge macht es für den Versicherer auch Sinn, eine Statistik zu verwen-

---

[25] 20.000 Euro für Ledige, 40.000 Euro für Verheiratete pro Jahr.

[26] Deswegen lohnt sich dieses Modell insbesondere für Ältere, die einen hohen Abzugsbetrag in der Ansparphase geltend machen können, aber auf Grund des frühen Renteneintritts (vor 2040) noch relativ niedrig besteuert werden.

den, die den Deutschen ein besonders langes Leben voraussagt. Bei Rentenverträgen wird eine Sterbetafel[27] benutzt, die bei einem 35-jährigen Mann von einer Lebenserwartung von 93,3 Jahren ausgeht, bei einer 35-jährigen Frau sogar von 97,5 Jahren – rund zehn Jahre mehr als bei den Sterbetafeln des Statistischen Bundesamts. Sie gewinnen die Wette gegen den Versicherer also nur dann, wenn Sie länger leben, als es die Sterbetafeln mit der durchschnittlichen Lebenserwartung prognostizieren. Das sind definitiv ungleiche Wettvoraussetzungen. Die meisten werden demnach als Verlierer sterben, außer sie tragen das Jopie-Heesters-Gen in sich.

Bei der klassischen Rentenversicherung[28] haben Sie am Ende der Ansparphase eine Option: Kapitalauszahlung oder lebenslange Rente. Jetzt können Sie noch einmal überlegen, ob Sie auf ein langes Leben wetten oder ob Sie sich das Geld auszahlen lassen. Eine schwierige Entscheidung, die aber immer öfter zugunsten der Kapitalauszahlung getroffen wird.

3.2.3 Rentengarantiezeiten

Sie können mit Ihrem Versicherer auch eine Rentengarantiezeit vereinbaren, d. h. die Rente wird über einen festgelegten Zeitraum hin ausgezahlt – unabhängig davon, wie lange Sie leben. Diese Regelung mildert aber nur scheinbar den Nachteil eines frühen Todes ab. Zunächst einmal kostet sie einen Teil Ihrer Beiträge, die dann wieder für die Kapitalansparung fehlen. Aber was noch viel schlimmer ist: Sie konstruieren eine paradoxe Situation! Mit dem Abschluss der Rentenversicherung schließen Sie mit dem Versicherer eine Wette auf ein langes Leben ab. Mit der Rentengarantiezeit schließen Sie mit dem Versicherer eine Wette auf ein kurzes Rentenleben ab. Das sind zwei gegensätzliche Interessen, also Unsinn.

---

[27] Im Detail: *Balodis Holger/Hühne Dagmar*, Privatrenten und Lebensversicherungen, Düsseldorf 2010, S. 96 ff.

[28] Die Rürup-Rente bietet diese Option der Kapitalauszahlung nicht; die Riester-Rente bietet zumindest eine Teilauszahlungsoption.

3.3   Die berufsständischen Versorgungswerke – elitäre Vereine mit High-Potential-Einzahlern

Versorgungswerke sind kleine elitäre Anspargemeinschaften, die aus einer homogenen Gruppe von einkommensstarken Einzahlern[29] bestehen. Diese gibt es seit den 1920er Jahren. Die Ärzte waren die erste Berufsgruppe, die ihre Altersvorsorge kollektiv in Eigenverwaltung übernommen hatte. Nachdem die sog. freien Berufe 1957 aus der gesetzlichen Rentenversicherung ausgegliedert wurden, entstanden die meisten der heute 85 Versorgungswerke. Bei den Versorgungswerken handelt es sich meistens um Anstalten des öffentlichen Rechts. Die Mitgliedschaft erfolgt zwangsläufig über eine entsprechende Kammerzugehörigkeit als Arzt, Steuerberater, Architekt oder Rechtsanwalt. Zuständig ist in der Regel das Versorgungswerk des jeweiligen Bundeslandes, in dem sich der Wohnsitz des Kammermitglieds befindet.

Die Versorgungswerke erzielten in der Vergangenheit solide Renditen von ungefähr 4 %.[30] Das entspricht auch der Verzinsung der Lebensversicherer – mit einem entscheidenden Vorteil: Die Kostenstruktur in den Versorgungswerken ist in der Regel erheblich günstiger als bei den Lebensversicherern. Da sie aber eine ähnliche Anlagestruktur aufweisen, dürften sich auch die Versorgungswerke bald in einer Renditefalle befinden.

---

[29] Derzeit sind ca. 730.000 Freiberufler in Versorgungswerken versichert.

[30] Siehe auch die Veröffentlichungen der jeweiligen regionalen Versorgungswerke(z. B. Ärzteversorgungswerk Berlin).

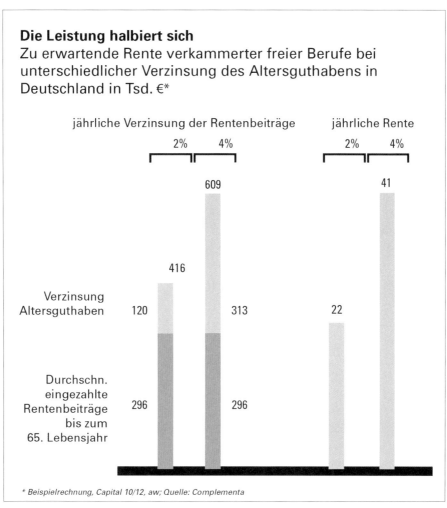

Die Leistung halbiert sich
Zu erwartende Rente verkammerter freier Berufe bei unterschiedlicher Verzinsung des Altersguthabens in Deutschland in Tsd. €*

jährliche Verzinsung der Rentenbeiträge   jährliche Rente

2%   4%   2%   4%

609   41

416

Verzinsung
Altersguthaben   120   313   22

Durchschn.
eingezahlte
Rentenbeiträge   296   296
bis zum
65. Lebensjahr

* Beispielrechnung, Capital 10/12, aw; Quelle: Complementa

Abbildung 14: Die Leistung halbiert sich

Dazu kommt, dass sich das Verhältnis der anspruchsberechtigten Rentner zu den Beitragszahlern stetig verschlechtert. Sind die Baby-Boomer erst einmal im Rentenhafen der Versorgungswerke angekommen, werden mit Sicherheit auch die auszahlbaren Renten stärker sinken. Eine zusätzliche Rentensäule ist daher unabdingbar, um den Wohlstand im Ruhestand abzusichern.

3.3.1 Zukunft der berufsständischen Versorgungswerke

Immer wieder gibt es Reformbestrebungen, die Versorgungswerke abzuschaffen, um sie in die gesetzliche Rentenversicherung einzugliedern. Der Grund liegt auf der Hand: Die gesetzliche Rentenversicherung würde auf einen Schlag eine große Anzahl an hohen Beitragszahlern dazugewinnen. Schon 2002 gab es von den Grünen und der SPD einen Vorstoß dieser Art. Da die Renten aus den Versorgungswerken aber unter den Eigentumsschutz des Grundgesetzes (Art. 14 GG) fallen, dürften solche Reformbestrebungen auch zukünftig keinerlei Erfolgschancen haben. Anders verhält es sich mit den sog. Neuzugängen. Wenn noch keine Anwartschaften bestehen, kann logischerweise auch kein Eigentum geschützt werden. Würde man jedoch diese Neuzugänge in die gesetzliche Rentenversicherung eingliedern, wäre das wiederum fatal für die bestehenden Versorgungswerke. Ohne die Neuzugänge würde ihr System nicht mehr funktionieren. Also auch hier bleibt eine erhebliche Unsicherheit über die zukünftige Weiterentwicklung der Versorgungswerke.

3.3.2 Aktive und passive Einkünfte – die vorgezogene Altersrente macht es möglich!

Einige ärztliche Versorgungswerke bieten einen sog. vorgezogenen Rentenbezug an, der sich äußerster Beliebtheit bei den Ärzten erfreut. Bei der nordrheinischen Ärzteversorgung entschied sich z. B. 2010 die Hälfte aller neuen Rentenantragsteller für einen vorzeitigen Rentenzahlungsbeginn. Das bedeutet jedoch nicht, dass der Arzt auch tatsächlich vorzeitig mit 60 Jahren in Rente geht. Vielmehr verlegt er nur den Beginn seiner Rentenzahlung auf einen früheren Zeitpunkt – und arbeitet weiter. Der Versicherte muss dafür einen Abschlag von 5 % pro vorgezogenes Jahr hinnehmen. Die verkürzte Rente rechnet sich aber über den Gesamtzeitraum, solange der Bezugsberechtigte nicht älter als 85 Jahre wird. Bevor man den vorzeitigen Rentenbezug wählt, sollten aber die Motive für die Verwendung des vorgezogenen Geldsegens analysiert werden. Zunächst einmal gewinnt der Selbstständige massiv an Liquidität. Denn nicht nur der Mittelzufluss erhöht sich durch die Rentenzahlung. Gleichzeitig fallen auch die Beitragszahlungen in das Versorgungswerk weg. Viele nutzen nun die freie Liquidität, um sich bis zum tatsächlichen Renteneintritt gänzlich zu entschulden. Das ist sinnvoll, da immer mehr Selbstständige auch am Ende ihrer Lebensarbeitszeit noch immer einen hohen Verschuldungsgrad haben.

3.4 Die Künstlersozialkasse – ein Geschenk für Kreative

Künstler[31] können auf Antrag in die Künstlersozialkasse (KSK) aufgenommen werden. Immer mehr[32] Selbstständige machen davon Gebrauch. Denn der unzweifelhafte Vorteil hat sich mittlerweile herumgesprochen. Demzufolge sind auch die Eintrittshürden sehr hoch gesteckt worden. Die Künstler sind über die Künstlersozialkasse komplett sozialversichert. Die Künstlersozialkasse führt die Beiträge an die jeweiligen Krankenkassen und den Rentenversicherungsträger ab. Die Künstler selbst entrichten jedoch nur den halben Beitrag, wie ein Arbeitnehmer. Der fiktive Arbeitgeberanteil kommt von der Künstlersozialkasse selbst. Finanziert wird die Künstlersozialkasse zum Teil von den Verwertern künstlerischer Leistungen und vom Staat. Die Künstlersozialkasse ist also kein Versorgungswerk für Kreative, sondern ersetzt quasi den Arbeitgeber. Das ist sinnvoll, denn der selbstständige Künstler vergisst bei all seiner Kreativität gerne die Altersvorsorge. Jeder Künstler sollte sich also um eine Aufnahme in die Künstlersozialkasse bemühen.

Als Künstler im Sinne der Künstlersozialkasse dürfen Sie zusätzlich noch die Riester-Förderung in Anspruch nehmen, was ich Ihnen dringend empfehle. Dies ist möglich, da Sie durch die Künstlersozialkasse gesetzlich versichert sind. Die Riester-Rentenverträge sind zwar meist auch durch eine hohe Kostenstruktur der Anbieter belastet. Die staatlichen Zulagen verhelfen dem Riester-Vertrag jedoch zu einer Turbo-Rendite. Wenn sie 4 % Ihres Vorjahresbruttoeinkommens (max. 2.100 Euro inkl. der staatlichen Zulagen) für die Altersvorsorge anlegen, erhalten Sie 154 Euro Grundzulage und für jedes kindergeldberechtigte Kind noch einmal 185 Euro zusätzlich. Ab dem Geburtenjahrgang 2009 beträgt die Zulage sogar 300 Euro. Diesen Geldsegen sollten Sie auf keinen Fall auslassen. Außerdem ist die Riester-Rente mit einer Kapitalerhaltungsgarantie ausgestattet. Doch auch hier gilt wieder: Die Garantie erhalten Sie nur dann, wenn Sie bis zum Laufzeitende des Vertrags durchhalten.[33]

---

[31] Welche Berufsgruppen unter welchen Voraussetzungen antragsberechtigt sind, kann man auf der Homepage der Künstlersozialkasse (www.kuenstlersozialkasse.de) erfahren. Hier ist auch ein Antragsformular zum Herunterladen erhältlich.

[32] 2000 waren es noch 110.000 Mitglieder, 2011 schon 170.000!

[33] Sehr viele Verträge bleiben leider auf der Strecke. 2008 wurden 1,6 Millionen Verträge neu geschlossen, aber auch 0,5 Millionen Verträge gekündigt. *Balodis Holger/Hühne Dagmar*, Privatrenten und Lebensversicherungen, Düsseldorf 2010, S. 54.

3.5   Geschäftsführer-Pensionszusagen – die Tücken stecken im Detail

Selbstständige können selbst von der Förderung der betrieblichen Altersvorsorge (Schicht 2) profitieren, wenn ihr Unternehmen als GmbH oder Aktiengesellschaft firmiert. Dann kann auch für den geschäftsführenden Gesellschafter unter bestimmten Voraussetzungen eine Pensionszusage erfolgen. In Höhe der Pensionsverpflichtung muss dann jedes Jahr eine gewinnmindernde Rückstellung gebildet werden. Das senkt die Steuerlast beim Unternehmen. Erst bei Zufluss der Rentenzahlungen werden diese dann vom geschäftsführenden Gesellschafter versteuert. Das führt nicht nur zu einem enormen Steuerstundungseffekt, sondern zu einer endgültigen Steuerentlastung, da bei Auszahlung der Steuersatz meist niedriger ist als in der Ansparphase. Darüber hinaus können Sie die Rentenzusage gegebenenfalls mit einer Hinterbliebenen- und Berufsunfähigkeitsrente kombinieren. Das spart Liquidität bei der Verwendung Ihres schon versteuerten Einkommens.

Der Gesetzgeber hat hier unzweifelhaft eine interessante Alternative der privaten Altersvorsorge geschaffen, die in der Vergangenheit auch sehr häufig genutzt wurde. Richtig ausgestaltet baut sich der Unternehmer eine sinnvolle Säule für seine spätere Altersvorsorge auf. Leider zeigt sich in der Praxis ein anderes Bild. Sowohl die steuerliche als auch die zivilrechtliche Komplexität wird in den meisten Fällen unterschätzt. Deswegen leben mittlerweile viele Berater ausschließlich von der „Reparatur" bestehender Verträge.

Neben der steuerlichen Anerkennung durch den Fiskus muss vor allem gewährleistet sein, dass bei Beginn der Rentenzahlung das Unternehmen auch über ausreichend liquide Mittel verfügt, die Pensionsverpflichtung erfüllen zu können. Dazu wird vom Unternehmen meist eine Rückdeckungsversicherung abgeschlossen und monatlich angespart. Die Versicherer bieten einen umfangreichen Service zur richtigen Ausgestaltung der Rückdeckungsversicherung und der Pensionszusage an. Problematisch wird es aber dann, wenn die angesparte Kapitalrückdeckung nicht für die Pensionszusage ausreicht. Das ist dann der Fall, wenn die Ertragsprognosen der Versicherer auf Grund der ungünstigen Kapitalmarktentwicklung nicht eintreffen – das ist leider der Normalfall. Also entsteht Handlungsbedarf. Entweder stockt man jetzt massiv die Ansparbeiträge auf oder die Pensionszusage muss angepasst werden. Beides tut weh! Da Pensionszusagen meist in den prosperierenden Unternehmensphasen installiert und daher sowieso schon großzügig ausgestaltet werden, fällt die Entscheidung dann auf die Reduzierung der Pensionszusage. Der Fiskus hat aber für einen teilweisen oder vollständigen Verzicht – der natürlich steuerneutral erfolgen soll – ganz enge Grenzen gesetzt. An dieser Stelle zeigt sich ein wesentlicher Nachteil dieses Rentenansparsystems. Es ist nämlich sehr schwierig, flexibel auf Veränderungen zu reagieren.

Das gilt auch beim Verkauf des Unternehmens. Käufer wollen in der Regel keine Pensionszusagen übernehmen. Der Rückbau oder die Ausgliederung des einmal geschaffenen Rentenansparsystems ist aber sehr komplex und nur bedingt möglich. Auf jeden Fall belastet es die Verkaufsverhandlungen, die meist schon schwierig genug sind.

Der wichtigste Punkt ist aber die Sicherung der Pensionsansprüche im Insolvenzfall des Unternehmens. Denn gerade wenn die meist wichtigste Säule Ihrer Altersvorsorge zerbricht, sollte wenigstens dieser Vermögenswert erhalten bleiben. Der Versicherte kann die Rentenansprüche natürlich insolvenzsicher gestalten. Dies ist jedoch kein Automatismus und daher sorgfältig vertraglich festzulegen. Das ist nicht immer der Fall. Daher sollten Sie dringend überprüfen, ob Sie dahingehend alles richtig gemacht haben.

3.6 Die Rürup-Rente – wer erhält die steuerliche Förderung: der Rentner oder der Vermittler?

Die Rürup-Rente ist für den gutverdienenden Selbstständigen[34] grundsätzlich ein sinnvoller Weg zur Absicherung des Existenzminimums. Es ist die einzige Möglichkeit der staatlichen Förderung für Selbstständige. Die Vorsorgeaufwendungen sind nämlich – bis zum Höchstbeitrag – abzugsfähig. Im Jahr 2013 sind es 76 % der Beiträge und jedes Jahr 2 % mehr, bis zum Jahr 2025 100 % erreicht sind. Dafür greift auch hier die nachgelagerte Besteuerung der Rentenzahlungen. Wie schon erwähnt profitieren besonders ältere Sparer vom dementsprechend niedrigen Besteuerungsanteil, der beim Renteneintritt festgeschrieben wird. Im Gegensatz zur gesetzlichen Rentenversicherung erfolgt auch keine Umlage-, sondern eine Kapitaldeckungsfinanzierung. Außerdem gibt es beim klassischen Rürup-Vertrag auch eine Rentengarantie. Die Garantie besteht aber

---

[34] Derzeit gibt es schon mehr als 1,3 Millionen Rürup-Verträge.

immer nur auf die Sparbeiträge, d. h. abzüglich der Gebühren! Des Weiteren besteht während der Ansparzeit eine Pfändungssicherheit im Insolvenzfall. Die Rentenzahlungen sind bis zur pfändungsfreien Grenze gesichert. Das klingt nicht nur gut, sondern das ist es auch, besonders für Selbstständige.

Aber dieses Rentenmodell hat auch Nachteile. Während der Ansparzeit können zwar die Beitragszahlungen flexibel gestaltet werden,[35] ab Rentenbeginn gibt es jedoch nur noch die lebenslange Verrentung, ohne sofortige oder teilweise Auszahlung des Rentenguthabens. Stirbt der Begünstigte, dann stirbt mit ihm auch sein Rentenanspruch. Die Hinterbliebenen gehen leer aus. Es ist zwar auch hier möglich, zusätzlich einen Hinterbliebenenschutz zu vereinbaren. Dieser begründet aber wieder eine gegenläufige Wette auf Ihr Leben. Besser ist es, Sie schließen stattdessen eine klassische Todesfallschutzversicherung ab.

Der größte Nachteil entsteht jedoch durch die Kostenbelastung der Versicherer. Die ist bei vielen Rürup-Verträgen so hoch, dass die steuerliche Förderung völlig verpufft und eine Realverzinsung der eingezahlten Beträge nicht stattfindet. Somit wird ein durchaus sinnvolles Anlagekonzept wertlos für die Altersvorsorge. Überprüfen Sie also zwingend die Kostenstruktur, bevor Sie einen Rürup-Vertrag abschließen. Das Produktinformationsblatt (!) gibt Ihnen Aufschluss sowohl über die Abschluss- als auch über die Verwaltungskosten. Liegen die Kosten über 5 % der eingezahlten Beträge, wird es sich bei der derzeitigen Marktlage nicht rentieren.

---

[35] Die Rürup-Rente ist außerdem nicht veräußer- und beleihbar. Sie kann auch nicht auf eine andere Person übertragen werden.

3.7 Die fondsgebundene Rentenversicherung – der Wolf im Schafspelz

Viele Versicherungsmakler bieten zur Verbesserung der Rendite eine fondsgebundene Variante an. Das kann durchaus Sinn machen. Zunächst aber verlieren Sie einmal Ihre Rentengarantie. Das ist nachvollziehbar, da eine höhere Rendite-Chance automatisch zu einem höheren Risiko führt. Für diese Variante können Sie sich zwar vom Versicherer eine Kapital-Garantie kaufen. Das wäre aber so, als ob Sie einen Sportwagen aus Sicherheitsgründen bei 140 km/h abriegeln lassen, also Unsinn. Die Frage bei dieser Versicherungsvariante ist vielmehr: Welchen Sportwagen oder besser gesagt, welchen Fonds wählen Sie aus? Die meisten legen überhaupt keine Sorgfalt in die Auswahl des Fonds. Das ist fatal! Erkundigen Sie sich auf jeden Fall, wie der Fonds aufgebaut ist (Gewichtung der Anlageklassen) und wie der Fonds sich in der Vergangenheit entwickelt hat.

Einen ersten objektiven Überblick bietet das Feri-Rating. Aber auch eine ertragsstarke Historie ist kein Garant für die Zukunft. Beobachten Sie in bestimmten Zeitabständen die Entwicklung des Fonds und nehmen Sie gegebenenfalls einen Fondswechsel vor. Dabei ist es wichtig, dass Ihr Versicherungsvertrag auch einen Fondswechsel zulässt.

Da der Versicherer nicht weiß, wie viel Kapital sich durch den Fonds bis zum Rentenbeginn anspart, kann er Ihnen auch keine garantierte Rentenzusage machen. Er kann Ihnen jedoch garantieren, wie viel Rente Sie für ein bestimmtes Fondskapital bekommen. Jetzt kommt der sog. Rentenfaktor ins Spiel. Er gibt das Verhältnis von dem erwirtschafteten Fondsguthaben zu der erwartenden Rente an. Dieser Rentenfaktor sollte garantiert sein, damit Sie eine verlässliche Rentenprognose erstellen können. Viele Verträge erhalten keine oder nur Teil-Garantien[36] - überprüfen Sie das unbedingt!

Der Rentenfaktor bezieht sich immer auf 10.000 Euro Fondsguthaben. Beträgt der Rentenfaktor 30 Euro, dann erhält der Versicherte bei einem angesparten Fondsguthaben von 100.000 Euro eine monatliche Rente von 300 Euro. Jetzt können Sie sich schon einmal ein erstes Bild von Ihrer zukünftigen Rente machen. Die zweite Frage ist nun: Haben Sie einen guten oder einen schlechten

---

[36] Anpassungsklauseln bei den Rentenfaktoren sind unbedingt zu vermeiden!

Rentenfaktor? Stellen Sie einfach folgenden Vergleich an: Wie lange könnten Sie monatlich 300 Euro von Ihrem „fiktiven" 100.000-Euro-Sparkonto (ohne Verzinsung!) abheben, bis das Konto auf Null ist? Es sind knapp 28 Jahre. Somit würde das Geld bei einem Renteneintritt von 67 Jahren bis zum 95. Lebensjahr reichen. Und das ohne Verzinsung des Sparguthabens. Es braucht sicherlich keine weiteren Erklärungen, dass Sie mit diesem Rentenfaktor ein schlechtes Geschäft machen. Leider trifft das auf sehr viele Verträge zu.

Fazit

Der Staat hat es gut gemeint. Durch steuerliche Anreize – die für jeden Deutschen ein wichtiger Impuls sind – soll die private Rentenvorsorge gefördert werden. Leider lässt man den Versicherern viel zu viele Spielräume bei der Kostenstruktur und der Ausgestaltung der Versicherung, so dass die Steuerersparnis in den wenigsten Fällen zu einem Vermögensaufbau beim Versicherten führt. Das hat eine fatale Entwicklung zur Folge, die den Wohlstand vieler zukünftiger Ruheständler gefährden wird. Es ist daher ratsam, beim Abschluss einer privaten Rentenversicherung besonders kritisch zu sein. Hinterfragen sie insbesondere die Prognoserechnungen, die Kostenstruktur und die gewährten Garantien. Vergessen Sie auch nicht die Wertentwicklung Ihres Vorsorgemodells jährlich zu überprüfen. Dann werden Sie sehen, ob die Prognosen der Versicherer seriöse Berechnungen waren oder ein geschickter Marketing-Schachzug.

Aber selbst wenn der Versicherer sein Garantieversprechen halten will, kann die Marktentwicklung dem entgegenstehen und diese Garantien brechen. Genau das könnte in absehbarer Zeit passieren. Denn die Garantieverzinsung bestehender Altverträge können die Lebensversicherer bei der derzeitigen Niedrigzinspolitik und den gesetzlichen Anlagerestriktionen nicht erfüllen.

---

[37] § 16 VVG und § 89 VAG (bzw. § 308 und § 310 VAG-E).

Da alle Fachleute davon ausgehen, dass die Niedrigzinsphase noch länger anhalten wird, werden schon erste Belastungsrechnungen vorgenommen. Lediglich fünf Jahre gibt man den meisten Lebensversicherern, bis sie die Garantieversprechen nicht mehr erfüllen können. Und dann? Sind sie von der Insolvenz bedroht, dürfen sie – auf Antrag bei der BaFin (Bundesanstalt für Finanzdienstleistungsaufsicht) – die Garantieverzinsung der Altverträge absenken.[37] Das ist eine bittere Pille für die Versicherten und es kommt noch schlimmer. Die Versicherten werden auch noch verpflichtet, ihre Versicherung weiter zu bedienen. Auflösung oder Beitragsfreistellung sind dann nicht mehr möglich. Das schützt den Versicherer, der Anleger sitzt aber in der Falle.

Falls Sie sich also verkalkulieren, halten Sie es einfach wie Jopie Heesters: Hören Sie niemals auf zu arbeiten, auch wenn Sie schon 100 Jahre alt sind! Außerdem hat er eine deutlich jüngere Ehefrau gehabt, die durch ihren persönlichen Einsatz signifikant die Pflegekosten niedrig gehalten hat. Somit könnte er auch noch – posthum – ein Vorbild für alle zukünftigen Rentner-Generationen werden.

4 | Der richtige Umgang mit (der) Geld(-anlage)

Der richtige Umgang mit Geld sollte ein Schul-Pflichtfach sein. Es ist genauso wichtig wie Deutsch und Mathematik. *Geld ist nicht alles, aber es tut weh, wenn Sie keins haben*. Das gilt ganz besonders für den Ruhestand.

Damit Sie die richtige Finanzentscheidung treffen, brauchen Sie einen klaren Blick auf das, was Sie tun. Das trifft natürlich auf die meisten Lebenssituationen zu. Aber wenn es ums Geld geht, vergessen wir allzu oft diesen wichtigen Grundsatz. Als Steuerberater sehe ich nicht nur die getroffenen Anlageentscheidungen, sondern auch das, was daraus geworden ist. Dabei treffen leider nur sehr selten die Ertragsprognosen der sog. Finanzexperten ein. Viel zu oft endet der Anlagetipp in einem totalen Fiasko, nur in ganz wenigen Fällen entpuppt er sich als wahre Goldgrube. Das ist eine traurige Feststellung, aber sie entspricht der Realität. Was sind die Gründe dafür?

Ein Hauptgrund liegt sicherlich darin, dass mit der Vermittlung von Finanzprodukten sehr viel Geld verdient wird. Das gilt insbesondere für Altersvorsorgeprodukte, da diese meist eine sehr lange Laufzeit haben. Durch die hohen Ertragschancen entsteht nun ein enormer Druck auf den Vertrieb von Versicherungsagenturen und Beratungsgesellschaften. Der Vertriebsmitarbeiter ist aber Ihr Finanzexperte, der für Sie die optimale Anlage auswählen soll. Da entsteht – vorsichtig ausgesprochen – ein Zielkonflikt. Um trotzdem die richtige Finanzentscheidung zu treffen, müssen Sie also vorbereitet sein. Was heißt das konkret?

Zunächst einmal brauchen Sie vollständige Informationen über den Markt, das Produkt und Ihre eigene Vermögenssituation.[38] Die daraus gewonnenen Erkenntnisse wägen Sie sorgfältig ab – vielleicht holen Sie sich eine neutrale Zweitmeinung ein. Dann können Sie eine konsequente Entscheidung treffen. Das klingt gar nicht so schwer, scheint es aber zu sein! Denn in der Realität vertraut man blind seinem Finanzberater, trifft isolierte Entscheidungen und lässt sich stärker von Gefühlen als von Fakten lenken. Gier oder Angst sind dabei die häufigsten Antreiber. Das Ergebnis ist dann eine Vermögensvernichtung und keine Vermögensmehrung. Beispiele dafür gibt es genügend. Getrieben von dem durchaus verständlichen Wunsch Steuern zu sparen[39] (der Autor ist selbst auch leidender und nicht etwa leidenschaftlicher Steuerzahler), haben viele Anleger in den 1990er Jahren völlig unreflektiert Immobilien in den neuen Bundesländern gekauft. Einziges Motiv: Steuern sparen!

---

[38] S. a. *Joe John Duran*, The Money Code, Austin Texas 2013, S. 96.

[39] Bei den Deutschen hat das Steuern sparen definitiv Suchtpotential! Erfreulicherweise wurden von der Bundesregierung in den letzten Jahren fast alle Steuersparmodelle konsequent und erfolgreich bekämpft. Ein Umstand, der medial viel zu wenig Anerkennung gefunden hat.

Jeder hat sich den Steuervorteil ausrechnen lassen, niemand aber den geplanten Vermögenszuwachs.[40] Das Unfassbare ist jedoch, dass sich nur sehr wenige Käufer die Immobilie und deren Lage persönlich angesehen haben. Jeder sollte wissen, dass man Immobilien nicht aus dem Katalog heraus kauft. Aber selbst dieser wurde nicht einmal sorgfältig durchgelesen. Themen, wie z. B. die Bonität und Qualität des Bauträgers, die Baubeschreibung, die anschließende Vermietbarkeit und Verwaltung der Immobilie wurden meist nur sehr oberflächlich in der Kaufentscheidung berücksichtigt. Eine besonnene Entscheidung sieht wahrlich anders aus.

Einen noch heftigeren Impulskauf konnte man bei den Medienfonds verzeichnen. Gehebelt mit einer Fremdfinanzierung entpuppte sich dieses Anlageprodukt zu einer wahren Steuerdroge. Viele durchaus brave, konservative Anleger mutierten auf Grund des prognostizierten Steuervorteils zu lupenreinen Zockern. Denn die Investition in einen Medienfonds war nichts anderes als eine Wette auf das erfolgreiche Abschneiden eines Films. Der Investitionsboom brach selbst dann nicht ab, als man in den USA das Anlegerverhalten als „German stupid money" titulierte und damit bloßgestellt hatte. Als zum Schluss dann auch noch die steuerliche Anerkennung für dieses Finanzvehikel gekippt wurde, war der Scherbenhaufen besonders groß. Unzählige Sammelklagen waren die Folge.

Leider sind das keine Einzelfälle. Weitere Beispiele könnten leicht ein ganzes Buch füllen. Das Unverständliche an diesen Investitionsentscheidungen ist, dass sie aus Ignoranz heraus getroffen wurden. Die meisten haben nicht einmal versucht zu verstehen, was sie kaufen. Die Hauptsache war, Steuern zu sparen! Überprüfen Sie daher (selbst-)kritisch Ihre bevorstehende Anlageentscheidung anhand von Fakten. Lassen Sie sich nicht von wohlklingenden Versprechen der Finanzindustrie oder von Ihren eigenen Wünschen leiten.

---

[40] An dieser Stelle wird oftmals auch der Steuerberater missverstanden. Er rechnet Ihnen den Steuervorteil und auf Wunsch auch die Rentabilität Ihres Anlagewunschs aus. Er kann jedoch keine Gesamteinschätzung für das konkrete Investment treffen.

4.1   Die Anlagerendite – oberster Gradmesser Ihrer Investition

Dreh- und Angelpunkt jeder Investitionsentscheidung ist deren Rendite. Die Rendite sichert Ihr Vermögen gegen einen realen Wertverlust ab und hilft Ihnen beim Sparen. Denn es gibt zwei Einkunftsquellen in Ihrem Vorsorge-Fahrplan: die eine aus Ihrer aktiven Tätigkeit als Unternehmer und die andere aus Ihrer passiven Tätigkeit als Vermögender. Später, im Ruhestand, haben Sie nur noch passive Einkünfte. Deswegen sollten Sie besonders darauf achten, dass diese auch immer ausreichend sprudeln.

4.1.1   Die Stunde der Wahrheit – berechnen Sie die Renditen Ihrer eigenen Investitionen

Bevor wir uns näher mit Renditeprognosen, -versprechen und -berechnungen beschäftigen, erstellen Sie eine Bestandsaufnahme der aktuellen Renditen Ihres bestehenden Vermögens (Abb. 15).

Beispiel: Aktuelle Renditen Ihres Vermögensportfolios

1. Vermietete Eigentumswohnung
   (private Vermietung 3% - 5% Verzinsung;
   gewerbliche Vermietung 7% - 9%)

2. Tagesgeld (aktuell bei 0,5%)

3. Aktiendepot (bei Dividendentiteln 3% - 5%)

4. Fonds (unterschiedliche Verzinsung, je nach Anlageart)

5. Edelmetalle (keine Verzinsung)

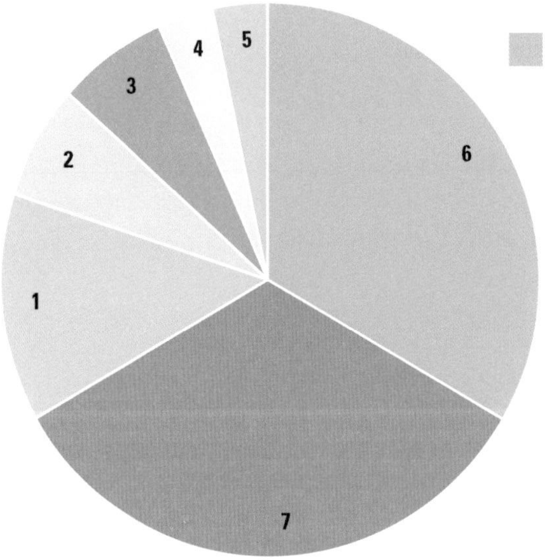

6. Eigenheim
   (keine Verzinsung)

7. Rentenanwartschaften (aktuelle Verzinsung 4%; Tendenz fallend)

Abbildung 15: Beispiel: Aktuelle Renditen Ihres Vermögensportfolios

Die Übersicht zeigt Ihnen, wie erfolgreich Sie mit Ihren bisherigen Anlageentscheidungen waren. Denn viele Selbstständige wollen im Ruhestand von den Früchten Ihres Vermögens leben und nicht von Ihrer Vermögenssubstanz. Überprüfen Sie deswegen, ob Ihre Bäume heute schon Früchte tragen. So überprüfen Sie auch die Finanzversprechen Ihres Anlageberaters und können rechtzeitig reagieren, falls die Prognosen nicht eintreffen.

In einem zweiten Schritt wägen Sie dann das Renditeergebnis der einzelnen Anlageklasse gegen die jeweiligen Anlageziele ab. Gold erzielt z. B. überhaupt keine laufende Rendite, gibt Ihnen aber für den Notfall ein sicheres Gefühl. Die vermietete Immobilie in bester Lage erzielt – auf Grund des hohen Einstandspreises – vielleicht nur eine Rendite von derzeit 2 % - 3 %. Sie erwarten jedoch eine nachhaltige Wertsteigerung der Immobilie und wollen sich zusätzlich gegen die Inflation absichern. Das Guthaben auf Ihrem Festgeldkonto führt zwar zu einer realen Negativverzinsung. Sie wollen jedoch mit einem bestimmten Betrag kurzfristig liquide bleiben. Gerade das Abwägen dieser gegenläufigen Ziele ist besonders schwer. Es gibt leider keinen direkten Maßstab, wie Sie qualitative Anlageziele (Sicherheit, Flexibilität) mit der Rendite Ihrer Investitionen vergleichen können. Sie müssen es aber trotzdem tun. An dieser Stelle dürfen Sie ruhig auch auf Ihr Bauchgefühl vertrauen.

4.1.2 Renditeberechnungen – der Teufel steckt im Detail

Selbst für den Sachkundigen ist es manchmal schwierig, Renditeberechnungen für Anlageentscheidungen im Detail zu durchschauen. Oftmals ist es nur eine einzige Stellschraube, die das angepriesene Objekt der Begierde zum Renditeturbo oder zum Flop werden lässt. Fragen Sie kritisch nach, welche Faktoren (Mietpreisentwicklung, Investitionszeitraum, Wechselkurs) sich verändern können und welche Auswirkungen dies auf die Berechnungen hat. Bei Immobilien beispielsweise ist der nachhaltig erzielbare Mietpreis der wichtigste Berechnungsfaktor. Lassen Sie sich einen Mietspiegel vorlegen, erkundigen Sie sich bei regional tätigen Maklern, ob die Mietpreisannahmen realistisch gewählt sind. Vorsicht bei Mietpreisgarantien! Der Laie freut sich über die Mietpreisgarantie. Er wähnt sich in Sicherheit, denn er hat schließlich eine garantierte Mieteinnahme für eine bestimmte Zeit. Außerdem unterstellt man, dass der Verkäufer keine Mietgarantie geben würde, wenn er nicht sicher wäre, dass der garantierte Mietpreis am Markt zu erzielen ist.

Weit gefehlt. Letztendlich zahlen Sie als Käufer immer die gewährte Garantie. Sie ist nämlich im Kaufpreis schon einkalkuliert! Attraktive Investitionsobjekte brauchen keine Mietgarantie. Sie überzeugen durch Lage, Ausstattung und Raumzuschnitt.

4.1.3   Nettorendite – oder: Wer sitzt noch mit am Tisch?

Obwohl wir uns in einer Niedrigzinsphase befinden, müssen wir unsere Erträge noch mit mehreren Akteuren teilen – dem Staat und der Finanzindustrie. Überprüfen Sie deshalb, ob unterm Strich noch etwas übrig bleibt. Die Finanzindustrie ist äußerst kreativ, Ihnen nicht nur beim Abschluss, sondern auch bei den laufenden Erträgen hohe Kosten zu berechnen. Gehen Sie an dieser Stelle wirklich ins Detail! Fragen Sie, welche Kosten durch das gewählte Finanzkonstrukt (Versicherungsmantel, Dachfonds, vermögensverwaltetes Depot, Fonds vs. Exchange-Traded-Funds, ETF) oder durch die einzelne Finanztransaktion entstehen. Hinterfragen Sie, ob diese Kosten wirklich notwendig sind. Erwerben Sie beispielsweise bei Ihrer Hausbank einen Investmentfonds, dann müssen Sie meist 5 % der Investition als Ausgabeaufschlag bezahlen. Dabei wird man Ihnen vorzugsweise die hauseigenen Produkte anbieten. Bei den Discount-Brokern wie Cortal Consors, DAB-Bank oder ING-DIBA erhalten Sie meist deutliche Rabatte auf den Ausgabeaufschlag und Sie können aus einem weitaus größeren Spektrum an Fonds auswählen.[41] Die größte „Kostenorgie" haben sicherlich in der Vergangenheit die Schweizer Banken bei deutschen „Steuerflüchtlingen" verursacht. Viele Anleger haben erst bei der Erstellung der Selbstanzeige gemerkt, dass die mageren Erträge durch immense Verwaltungsgebühren und unsinnige Transaktionskosten aufgefressen wurden.

Die Steuer auf die Erträge Ihrer Investments ist aber tatsächlich ein Thema, dass nicht vernachlässigt werden darf. Sie darf natürlich nicht zur Steuerunehrlichkeit führen. Nicht erst der Fall Hoeneß hat gezeigt, dass es sich am Ende nicht lohnt.[42] Prüfen Sie daher, mit welcher Steuer Ihre Erträge[43] belastet werden. Es ist auch entscheidend, zu welchem Zeitpunkt Sie die Erträge versteuern müssen.

---

[41] Alternativ können Sie sich auch im Internet auf den sog. Fondsplattformen (z. B. ebase oder FFB) umschauen, ob Sie noch günstiger als bei den Discount-Brokern einkaufen können.

[42] In der Vergangenheit hat die Bundesregierung gute Arbeit geleistet, Steuerflüchtlinge zur Verantwortung zu ziehen. Gleiches gilt für das „Austrocknen" unsinniger Steuersparmodelle. Leider wird diese Leistung in der Öffentlichkeit nicht genügend gewürdigt.

[43] Im Detail wird die Besteuerung bei den einzelnen Anlageklassen besprochen. (→*Kapitel 5*).

4.2 Casino Royal oder Altersvorsorge?

Rendite ist natürlich nicht alles, insbesondere wenn sie zulasten der Sicherheit geht. Es besteht immer ein direkter Zusammenhang zwischen der Rendite und dem Risiko der getätigten Finanzanlage. Trotzdem fallen jedes Jahr aufs Neue Anleger auf „die sichere Anlage mit einer außergewöhnlich hohen Rendite" herein.[44] Oftmals ist es aber genau andersherum: Trotz eines hohen Risikos erzielt man nur eine mickrige Rendite oder das Geld ist komplett weg.

Wenn Sie beraten werden, ermittelt der Finanzexperte vor der Produktemp-fehlung Ihr persönliches Risikoprofil. Diese „Typberatung" ist gesetzlich vor-geschrieben, aber ineffizient. Der normale Kleinanleger ist per se konservativ und sollte auch nur risikoarme Finanzprodukte abschließen. In welche An-lageklasse investiert wird, hängt vom Anlageziel (in der Regel ist es die Al-tersvorsorge; daraus folgt automatisch eine konservative Anlagestrategie) und von der vorhandenen Vermögensstruktur ab. Typberatung sollte ausschließ-lich Ihrem Friseur vorbehalten bleiben. Mit der Risiko-Typisierung können Sie höchstens erkennen, wie risikobereit Ihr Finanzberater ist. Falls er Ihnen ein risikoträchtiges Finanzprodukt verkaufen möchte, muss er Sie nämlich erst als risikobereit einstufen.

4.3 Die Anlagestruktur – das Rückgrat Ihrer Vermögensanlage

Jedes Vermögensportfolio sollte eine ausgewogene Vermögensstruktur haben. Klingt gut, aber was bedeutet das konkret? Das heißt zunächst einmal, dass Sie Ihr Vermögen breit streuen sollen. Selbst die besten Wirtschafts- und Finanzex-perten können keine sichere Prognose über die Ertrags- und Wertentwicklung einzelner Anlageklassen treffen. Wir wissen nur eines sicher: Es werden auch zukünftig immer wieder plötzliche Ereignisse[45] auftreten, die niemand voraus-

---

[44] Den größten Betrugsfall dieser Art verantwortete der ehemalige Chef der US-Technologiebörse Nasdaq, Bernhard Madoff. Er köderte mit hohen Renditen nicht nur wohlhabende Privatanle-ger, sondern auch viele namhafte institutionelle Anleger. Verwunderlich ist dabei nicht das Ver-halten der Privatleute, sondern die Naivität der professionellen Fondsmanager, die an Madoff glaubten.

[45] *Nassim Nicholas Taleb* beschreibt in seinem Bestseller „Der schwarze Schwan" Wirkung und Macht höchst unwahrscheinlicher Ereignisse.

gesehen hat. Solche Ereignisse können Vermögenswerte in Sekunden zerstören – unwiderruflich. Deshalb dürfen Sie niemals eine bestimmte Anlageklasse zu sehr gewichten. Gerade bei Selbstständigen kann das sehr schnell passieren. Oftmals ist im eigenen Unternehmen (Anlageklasse: Firmenbeteiligung) das meiste Kapital gebunden. Sie dürfen nie vergessen, dass Firmenbeteiligungen – auch wenn Sie diese selbst kontrollieren – immer Risikokapital darstellen.

Ihr Vermögen sollte so strukturiert sein, dass Sie Ihre Vermögenswerte auch umschichten können. Sie müssen reagieren können, wenn sich Ihre Lebenssituation ändert, Anlageziele sich verschieben oder Sie ein neues Investment eingehen wollen. Viele Selbstständige können aber nichts mehr verändern. Das Vermögen ist in der Firma, dem Eigenheim und in der Rürup-Rente gebunden. Vielleicht gibt es noch ein paar Beteiligungen, die auch nicht veräußert werden können. Jetzt können Sie nur noch zuschauen und hoffen, dass die Anlageentscheidung, die Sie getroffen haben, auch für die nächsten Jahrzehnte Gültigkeit hat.

Den Deutschen wird gerade in jüngster Zeit wieder vorgehalten, dass Sie ihr Geld zu konservativ anlegen (Abb. 16). Der überwiegende Teil ihres Geldes ist in Versicherungen, sowie in Bargeld und Bankeinlagen angelegt. Das führt natürlich in Zeiten einer negativen Realverzinsung zu einer schleichenden Vermögensminderung, anstatt zu einer Vermögensmehrung. Demzufolge ist es sicherlich sinnvoll, den Aktienanteil im Vermögensportfolio zu erhöhen. Die typische Vermögensstruktur der Deutschen hat aber auch zur Folge, dass die meisten Anlageklassen aus nominalen Geldversprechen bestehen. Das bedeutet, dass Sie nicht wissen, welche Kaufkraft die Geldsumme bei Auszahlung des Geldversprechens hat. Die Kaufkraft von 10.000 Euro wird sich in zwanzig Jahren sicherlich vermindern. Wir wissen nur nicht, ob sie sich halbiert, viertelt oder noch geringer ausfällt. Deswegen sollte Ihre Anlagestruktur so gewählt sein, dass Sie nicht zu viele Geldversprechen in Ihrem Portfolio haben.

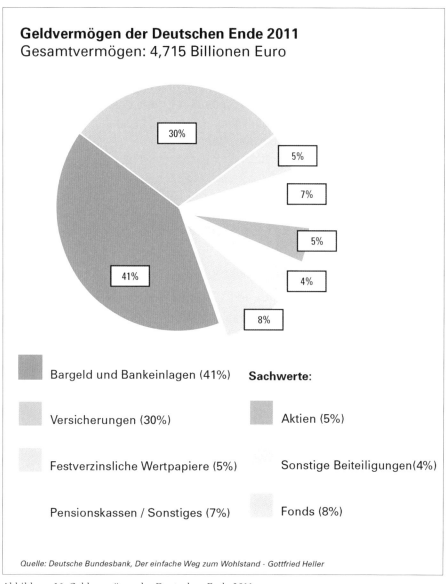

Geldvermögen der Deutschen Ende 2011
Gesamtvermögen: 4,715 Billionen Euro

Bargeld und Bankeinlagen (41%)   **Sachwerte:**

Versicherungen (30%)   Aktien (5%)

Festverzinsliche Wertpapiere (5%)   Sonstige Beiteiligungen (4%)

Pensionskassen / Sonstiges (7%)   Fonds (8%)

Quelle: Deutsche Bundesbank, Der einfache Weg zum Wohlstand - Gottfried Heller

Abbildung 16: Geldvermögen der Deutschen Ende 2011

Zuletzt haben wir noch die Korrelation (Beziehung) der Anlageklassen unter-
einander. Wählen Sie Ihre Anlageklassen so aus, dass Sie gegenläufige Wer-
tentwicklungen haben. Somit wird Ihr Vermögensportfolio robuster und Sie
können höhere Einzelrisiken eingehen. Das klingt relativ einfach, ist es aber
nicht. Denn die Anlageklassen reagieren nicht immer gleichmäßig. Normalerweise steigt der Goldpreis, wenn der Aktienkurs sinkt. Aber zwingend ist das
natürlich nicht. Auch hier vertrauen gerade Experten zu sehr auf die Berechen-
barkeit der Märkte und der einzelnen Akteure.

5 | Ausgewählte Vermögensanlagen auf dem Prüfstand

Zur Altersvorsorge können Sie auch direkt in bestimmte Anlageklassen investieren. *Die Frage ist nicht so sehr in welche Anlageformen Sie Ihr Geld anlegen, sondern zu welchem Zeitpunkt Sie einsteigen.* Leider verpassen die meisten den richtigen Moment.

5.1   Aktien

Aktien sind ein unverzichtbarer Bestandteil jedes Vorsorgeplans. Leider sieht das nur ein verhältnismäßig kleiner Teil der Deutschen so. Von deren 5000 Milliarden Euro Geldvermögen waren nach Auskunft der Deutschen Bundesbank im Jahr 2013 lediglich 466 Milliarden in Aktien oder Aktienfonds angelegt. Das sind nicht einmal zehn Prozent! Somit machen die Deutschen in Zeiten negativer Realzinsen Verluste, da der größte Teil ihres Vermögens in Zinswerten angelegt ist. Zeit umzudenken und sich das ungeliebte Kind einmal genauer anzuschauen.

Der Aktienmarkt birgt sicherlich Risiken, da er einer hohen Volatilität[46] unterliegt. Gerade die starken kurzfristigen Schwankungen, verursacht durch psychologische und politische Faktoren, verunsichern die Anleger. Entscheidend ist, dass Sie in reale Unternehmenswerte investieren und nicht in irgendwelche künstliche Anlagemodelle. Der Börsenkurs eines Unternehmens ist langfristig[47] auch ein Abbild der jeweiligen Unternehmensentwicklung. Wenn Sie zu den Puristen gehören, die in einzelne Aktienwerte investieren, sollten Sie sich das Unternehmen, dessen Aktien Sie kaufen wollen, auch einmal genauer anschauen. Folgende Kriterien sollte Ihr börsennotiertes Unternehmen[48] im besten Fall erfüllen:

- Hohe Eigenkapitalquote
- Hohe Eigenkapitalrendite
- Hoher Buchwert im Verhältnis zum Marktwert
- Globales Engagement
- Krisensicheres Geschäftsmodell

Für den Laien ist es natürlich nicht immer ganz einfach, diese Qualitätsmerkmale zu überprüfen. Auf jeden Fall sollten Sie aber zwei Kennziffern im Blick behalten: das Kurs-Gewinn-Verhältnis (KGV) und die Dividendenrendite. Das Kurs-Gewinn-Verhältnis hilft Ihnen den richtigen Einstiegszeitpunkt für einen Aktienkauf zu finden, um von der Wertsteigerung der Aktie zu profitieren. Es

---

[46] Unter Volatilität versteht man die Schwankungsbreite von Wertpapierkursen.

[47] Im Moment steigen die Börsenkurse nicht nur, weil sich die Weltwirtschaft wieder erholt hat, sondern hauptsächlich wegen des Anlagenotstands.

[48] Weitere Kriterien: *Braun, Michael*, Wenn Geld stirbt, München 2013, S. 141.

drückt das Verhältnis zwischen dem Kurs und dem Jahresergebnis der Aktie aus. Der Einstieg in Ihre favorisierte Aktie sollte demnach grundsätzlich bei einem niedrigen Wert erfolgen. Das durchschnittliche KGV liegt ungefähr bei 15. Anfang 2012 war das KGV vieler europäischer Unternehmen bei unter 10 und somit ein tragendes Indiz für den Einstieg in diesen Markt. Noch aussagefähiger ist das sog. Shiller-KGV,[49] das die jährlichen Gewinnschwankungen zu glätten versucht, indem es den durchschnittlichen Unternehmensgewinn der letzten zehn Jahre (!) ins Verhältnis zum Aktienkurs setzt. Die nachfolgende Abbildung zeigt Ihnen das Shiller-KGV ausgewählter Märkte (Abb. 17). Somit haben Sie einen ersten Anhaltspunkt, wo es sich – trotz derzeitig hohen Kursniveaus – noch lohnt zu investieren.

[49] Benannt nach *Robert J. Shiller*, amerikanischer Wirtschaftswissenschaftler.

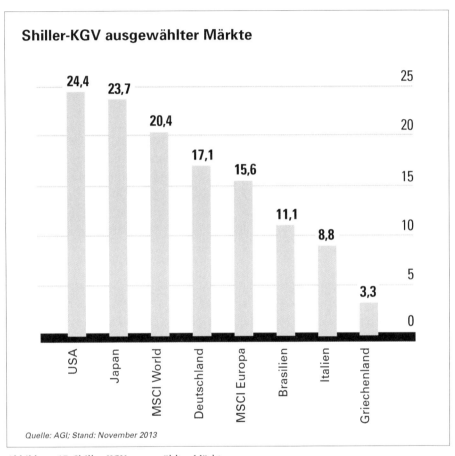

Abbildung 17: Shiller-KGV ausgewählter Märkte

Die Dividendenrendite (Dividende : Aktienkurs x 100) ist ein zunehmend bedeutender Faktor für die Wahl einer Aktie. Sie[50] sagt aus, wie sich Ihr eingesetztes Kapital verzinst. Wenn Sie auf starke Dividendentitel setzen, dann können Sie auch etwas beruhigter bei Kursschwankungen bleiben. Denn Sie erzielen schließlich eine ordentliche Rendite Ihres Kapitals und können die Turbulenzen aussitzen, sprich: die Aktie nicht verkaufen! Wenn Sie darüber hinaus noch auf defensive Titel (z. B. Versorger oder Lebensmittelkonzerne) setzen, dann könnten Sie vielleicht an dieser Stelle den Anfang einer neuen Liebe für

---

[50] Unter www.zinsen-berechnen.de finden Sie einen Aktienrechner, mit dem Sie unter anderem auch die Dividendenrendite ausrechnen können.

die Deutschen markieren. Einige[51] sprechen schon von einer „Verrentung" der Aktie. Das bedeutet nichts anderes, als dass Sie Ihre Aktien nicht nach irgendwelchen Wachstumsfantasien auswählen, sondern nachhaltige Geschäftsmodelle mit soliden Gewinnausschüttungen vorziehen. Mit diesem Grundsatz wären Sie auch nicht auf die Internetblase hereingefallen und hätten auch der letzten Finanzkrise getrotzt.

Durch diese Strategie werden Sie jedoch nicht unverwundbar. Das zeigt das Beispiel des Energieversorgers EON. Die EON-Aktie war lange Zeit einer dieser „langweiligen" Dividendentitel. Dann kam die Nuklearkatastrophe von Fukushima und der daraus resultierende Atomausstiegs-Beschluss der Bundesregierung. Das Geschäftsmodell von EON geriet dadurch nachhaltig ins Wanken. Kurs- und Ertragsverfall waren die Folge. Somit ist auch vorerst einer nachhaltigen Dividendenausschüttung der Nährboden entzogen.

Zu guter Letzt werfen wir noch einen Blick auf unseren „Heimatmarkt", den DAX. Deutsche Unternehmen sind weltweit sehr erfolgreich. Das macht auch deutsche Aktien auf der ganzen Welt sehr beliebt. 55 % der Aktien von DAX-Unternehmen befinden sich schon in der Hand ausländischer Investoren. 2001 waren es dagegen nur 36 %. Vielleicht ist es an der Zeit, dass auch Sie Besitz ergreifen. Deutsche Aktien haben in den letzten zwanzig Jahren eine durchschnittliche Rendite von 7,3 % pro Jahr erwirtschaftet. Trotz starker Schwankungen ist das langfristig ein solider Wert (Abb. 18).

---

[51] Der Blackrock-Stratege Machts nennt es „Bondification of Equities".

Durchschnittliche Ergebnisentwicklung des Deutschen Aktienmarktes DAX
(in rollierenden Zehnerjahresdurchschnitten)

Quelle: Bloomberg, DekaBank und WestLB

Abbildung 18: Durchschnittliche Ergebnisentwicklung des deutschen Aktienmarktes[52]

Hoffentlich hilft Ihnen dieser kurze Überblick, die Scheu vor dem Börsenparkett zu verlieren. Vielleicht ist es abschreckend, wenn Sie am Börsenkurs jederzeit den Erfolg oder Misserfolg Ihres Handels ablesen können. Aber es ist ehrlich – im Gegensatz zu der Ungewissheit bei der Wertentwicklung vieler anderer Anlagemodelle. Darüber hinaus können Sie auch zu jeder Zeit verkaufen. Viele Anleger von Schiffs-, Immobilien- und Medienfonds können das nicht. Sie dürfen nur zusehen, wie das Schicksal seinen Lauf nimmt.

---

[52] *Nolte Antje/Nolte Bernd*, Sichere Geldanlage in unsicheren Zeiten, München 2013, S. 247.

5.2 Anleihen

5.2.1 Staatsanleihen

Staatsanleihen und im speziellen Bundesanleihen[53] sind tragende Säulen der deutschen Altersvorsorge. Die meisten Versicherungen und Versorgungswerke legen ihr Geld in dieser Anlageklasse an. Dabei handelt es sich um kurz-, mittel- oder langfristige Schuldverschreibungen, die zur Finanzierung der öffentlichen Haushalte verwendet werden. Diese Titel sind an jeder Börse zum Handel zugelassen. Der Zinssatz ist abhängig von der Kreditwürdigkeit des jeweiligen Staates, der Laufzeit und dem Währungsraum.

Altersvorsorge bedeutet grundsätzlich höchste Sicherheitsstufe. Demzufolge wurden bundesdeutsche Staatsanleihen[54] in die höchste Bonitätsstufe (AAA) der Ratingagenturen gewählt und schrieben in den letzten 30 Jahren eine durchgängige Erfolgsgeschichte. Derzeit bringen sie jedoch eine negative Realverzinsung (Abb. 19). Sie sollten hier deshalb momentan auf keinen Fall Geld anlegen.

---

[53] Bundesanleihen (Laufzeit 10 bis 30 Jahre), Bundesobligationen (Laufzeit ca. 5 Jahre) und Bundesschatzanweisungen (Laufzeit bis ca. 2 Jahre); die Entwicklung der Rentenpapiere können Sie am REX-Kursindex oder besser noch am REX-Performanceindex überwachen.

[54] Deutschland, Schweiz, Schweden, Kanada.

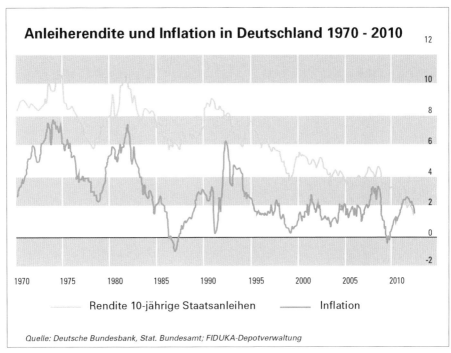

Anleiherendite und Inflation in Deutschland 1970 - 2010

Rendite 10-jährige Staatsanleihen _____ Inflation

Quelle: Deutsche Bundesbank, Stat. Bundesamt; FIDUKA-Depotverwaltung

Abbildung 19: Anleihrenditen und Inflation in Deutschland 1970-2010

Falls Sie dem Schlachtruf von EZB-Chef Mario Draghi Glauben schenken, man werde den Euro retten, „what ever it takes", dann lohnt sich ein Blick auf unsere europäischen Nachbarn. Dort erhalten Sie auf Grund der schwächeren Bonität eine etwas erträglichere Verzinsung.

Natürlich können Sie auch mal einen Blick um den Globus werfen (Abb. 20). Werden Staatsanleihen in Fremdwährung erworben, dann kommt noch das Währungsrisiko dazu. Wie unkalkulierbar jedoch Währungsrisiken sind, können wir derzeit am Kursverfall der sog. „Schwellenländer" erleben. Bleiben Sie deshalb bei Ihrer Heimatwährung Euro.

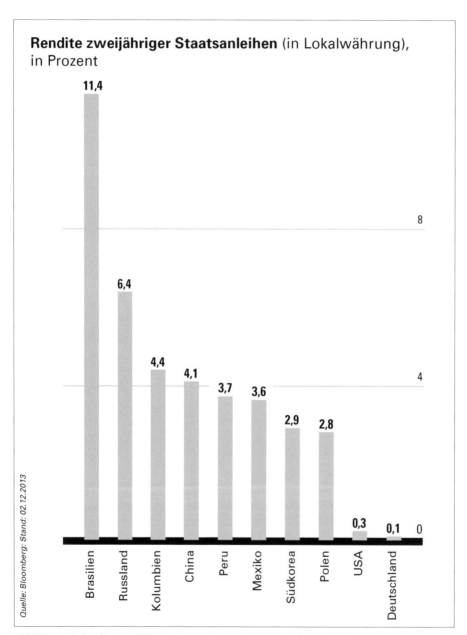

Rendite zweijähriger Staatsanleihen (in Lokalwährung), in Prozent

Abbildung 20: Rendite zweijähriger Staatsanleihen in Lokalwährung in Prozent

5.2.2 Unternehmensanleihen

Immer beliebter werden Unternehmensanleihen.[55] Sie bieten zwar nicht so viel Sicherheit wie Staatsanleihen, dafür wird das höhere Risiko in der Regel auch mit einem höheren Zinssatz vergütet. Auch hier handelt es sich um festverzinsliche Wertpapiere, bei denen der Emittent (Unternehmen) regelmäßig die Zinsen zahlt und am Ende der Laufzeit das geliehene Geld zurückbezahlt. Die Höhe des Zinssatzes richtet sich grundsätzlich nach der Bonität[56] des Unternehmens. Die ist für den Laien natürlich schwieriger einzustufen als bei Staatsanleihen. Ein weiteres entscheidendes Auswahlkriterium sollte auch die Liquidität des Unternehmens sein, denn die sichert Ihnen die Rückzahlung Ihres Kredites. Der Laie sollte sich bei der Auswahl des Schuldners auch nicht auf den Bekanntheitsgrad des Unternehmens oder deren Marken verlassen. Es zählen die harten Fakten der Bilanz und nicht der Glanz aus vergangenen Jahren. Das gilt insbesondere für die Mittelstandsanleihen. Von 119 sind bereits 17 ausgefallen (Abb. 21). Das ist eine ungewöhnlich hohe Quote.

---

[55] Im Euro-Raum finanzieren sich Unternehmen immer noch hauptsächlich durch klassische Bankkredite. In den USA werden dagegen zwei Drittel des Fremdkapitals durch Unternehmensanleihen abgedeckt.

[56] Die Ratings von Mittelstandsanleihen werden von kleinen Agenturen (z. B. Creditreform) vorgenommen. Die Rating-Agenturen sind auf Grund der hohen Ausfallquote stark in die Kritik geraten sind. Sie hatten die meisten Mittelstandsanleihen meist positiv bewertet.

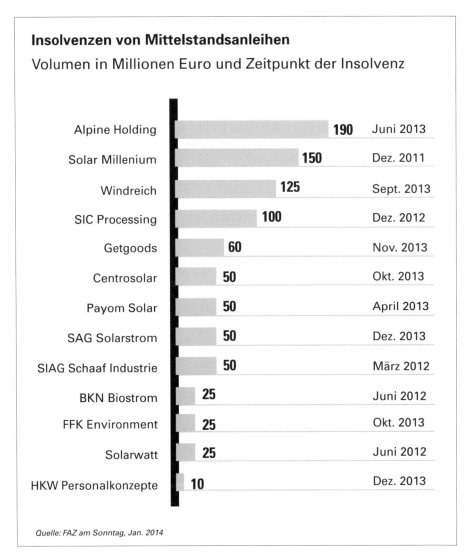

Abbildung 21: Insolvenzen von Mittelstandsanleihen

Wie bei jeder Anlageklasse, so ist auch hier der Einstiegszeitpunkt wichtig. Denn je nach wirtschaftlicher Großwetterlage unterliegen die angebotenen Zinssätze erheblichen Schwankungen. Kurz nach der Lehmann-Pleite mussten selbst DAX-Konzerne wie Metro und Daimler für eine Anleihe mit fünfjähriger Laufzeit zwischen 7 % und 8 % Zinsen zahlen. Im November 2013 war es für eine fünfjährige Anleihe dagegen nur noch eine 1,5 %-Verzinsung. Sie sehen aber, dass es sich lohnt, sich mit dieser Anlageklasse zu beschäftigen, um der drohenden negativen Realverzinsung zu entgehen.

5.2.3 Der Pfandbrief – eine besondere Gattung der Anleihe

Bis zur Finanzkrise 2007 hatte der Pfandbrief keinerlei Bedeutung bei der Beratung von Anlageklassen gespielt. Der Schock durch die Insolvenz von Lehmann Brothers und die Erkenntnis, dass selbst Staaten im Euro-Raum Pleite gehen können, hat alles verändert. Plötzlich waren wieder mündelsichere Anlagen gefragt, d. h. Anlagen, bei denen Wertverluste praktisch ausgeschlossen sind. In diese Gattung fällt der Pfandbrief, weil er nicht nur auf einem reinen Rückzahlungsversprechen beruht, sondern mit einer soliden Sicherheit ausgestattet ist. Meine Mutter war schon immer ein glühender Verfechter von Hypotheken-Pfandbriefen, weil sie als Vorkriegskind schon zu viel Geldentwertung miterleben musste. Ich hielt sie damals immer für viel zu ängstlich. Heute sehe ich das natürlich anders.

Der Pfandbrief ist ein Klassiker, der durch Friedrich den Großen im Jahr 1769 eingeführt wurde. Es gibt heute viele Arten von Pfandbriefen. Wirklich interessant ist nur der Hypotheken-Pfandbrief. Die Sicherheit ist eine Grundschuld, die mit 60 % des Immobilienwerts beliehen wird. Somit dürfte auch bei einer kurzfristigen Verwertung der Sicherheit der Rückzahlungsanspruch gesichert sein. Im schlimmsten Fall kann jetzt auch der Emittent (= herausgebende Bank) Pleite gehen. Ihr Schuldversprechen kann trotzdem eingelöst werden. Das ist sehr beruhigend in diesen Zeiten.

5.3 Investmentfonds

Die Betreiber von Investmentfonds[57] sammeln Geld von Anlegern[58] ein, um dieses dann für einen bestimmten Anlagezweck zu verwenden. Die Auswahl an Investmentfonds ist riesig, wie in einem gut sortierten Supermarkt. Alles ist in jeglicher Variation zu haben, es ist nur eine Frage des Preises und des Geschmacks. In Deutschland sind über 7000 Fonds aus der ganzen Welt zugelassen[59] und die Deutschen hatten 2012 715 Milliarden Euro in Fonds investiert.[60] Das ist eine Menge Geld.

Eines der obersten Gebote für eine solide Altersvorsorge ist die Risikostreuung. Mit Investmentfonds können Sie nahezu in alle Anlageklassen investieren, auf allen Märkten präsent sein. Darüber hinaus legen Sie Ihr Vermögen in professionelle Hände. Die Fondsmanager können sicherlich viel besser als Sie Marktchancen erkennen und ausnutzen, denn sie sind dafür ausgebildet und kümmern sich den ganzen Tag nur um das Wohlergehen Ihres Vermögens.[61]

Jetzt haben Sie die Qual der Wahl. Im Internet finden Sie viele Fondsbewerter,[62] die Ihnen beim Einstieg helfen. Anhand einer „Sternchenbewertung" soll die Spreu vom Weizen getrennt werden. Aber Vorsicht: Es handelt sich immer um eine Vergangenheitsbewertung, die sich natürlich nicht zwingend in der Zukunft fortführen muss. Außerdem bezieht sich die Leistungsbewertung auf die Vergleichsgruppe. Läuft es beispielsweise bei allen Rohstofffonds gerade nicht gut, dann führt auch eine gute Bewertung nicht zwangsläufig zu einem positiven Fondsergebnis.

---

[57] Es heißt natürlich Fonds und nicht Fond. Ein Fond ist die Brühe zum Essen und ist daher zur Altersvorsorge ungeeignet.

[58] Der Fondsanleger erwirbt Fondsanteile, die auch in sehr kleinen Stückelungen (50 Euro) zu haben sind. Deshalb eignen sie sich auch für monatliche Sparpläne. Einen guten Überblick bietet z.B. die Fondsratingagentur Morningstar (www.morningstarfonds.de).

[59] *Müller, Dirk*, Cashkurs, München 2012, S. 120.

[60] *Döller, Georg/Schulze, Jana*, Altersvorsorge, Frankfurt 2013, S.176.

[61] Das Fondsvermögen ist Sondervermögen der Fondsgesellschaft. Somit kann auch im Insolvenzfall der Fondsgesellschaft nichts mit Ihrem Vermögen passieren.

[62] z. B. Stiftung Warentest (www.test.de) oder auch www.depotfinder.de.

Wenn Sie einen Fonds ausgesucht haben, sollten sie einen Blick auf das sog. Fact-Sheet[63] werfen. Dort sind alle wichtigen Merkmale enthalten. Vor allem muss Ihr Investmentfonds eine bestimmte Größe haben, sonst fressen ihn die Kosten auf. 100 Millionen Euro Kapital sollten schon vorhanden sein, um langfristig überleben zu können.

Diese aktiv gemanagten Fonds sind in der letzten Zeit stark in die Kritik geraten, weil sie auf lange Sicht selten ihren Vergleichsindex schlagen können. Das liegt aber meist nicht an etwa mangelnden Kompetenzen der Fondsmanager, sondern an den hohen Gebühren. Leider zieht sich dieses Problem durch nahezu alle Anlagevehikel. Grundsätzlich bietet der Markt ein sinnvolles Instrument an, aber die Finanzvertriebe bedienen sich leider über Maßen an den erzielten Erträgen. Das ist auch bei Investmentfonds der Fall.

Das Melken fängt schon beim Erwerb der Fondsanteile an. 5 % des Anlagebetrags dürfen Sie beispielsweise bei Aktienfonds gleich an Ihren Vermittler überweisen. Natürlich sollte eine gute Beratung auch bezahlt werden. Aber müssen es gleich 5 % Ihres Investments sein? Wählen Sie daher Ihren Investmentfonds über eine Direktbank oder einen Fondsshop aus. Dann ist der Ausgabeaufschlag deutlich geringer.

Nach dem Einstieg kommen dann auch die laufenden Fondskosten. Hier ist man besonders erfinderisch. „Performance Fee" heißt das Zauberwort. Was nichts anderes bedeutet, als dass der Fondsmanager zusätzlich zu seinem Gehalt noch eine gewinnabhängige Vergütung bekommt – nach dem Motto: Eine besonders gute Leistung muss auch besonders honoriert werden. Das klingt logisch, macht aber trotzdem keinen Sinn. Fondsmanager werden gut bezahlt, so dass Sie als Anleger nicht noch etwas drauflegen müssen, um eine ordentliche Arbeit erwarten zu können. Die gewinnabhängige Vergütung ermuntert viel eher zum Zocken, da im umgekehrten Fall der Fondsmanager nicht monetär abgestraft wird, wenn er auf das „falsche Pferd" setzt.

Ein wahres Gebührenparadies sind Dachfonds – Fonds, die Anteile an anderen Fonds haben. Was als optimale Risikostreuung angeboten wird, entpuppt sich meist als lupenreiner Renditekiller. Das „doppelte Lottchen" verursacht in der

---

[63] Natürlich könnten diese Papiere auch einfach „Informationsblätter" heißen. Das wäre aber nicht so cool.

Regel nur doppelte Kosten – zum einen wird der Dachfonds kostenpflichtig gemanagt, zum anderen sind die Management-Gebühren der jeweiligen Zielfonds
zu bezahlen. Wo soll da am Ende noch ein Ertrag für den Anleger übrig bleiben?
Deswegen auch Finger weg von Rentenfonds. Diese haben nichts mit der Rentenversicherung zu tun. Es handelt sich vielmehr um Anlagen in festverzinsliche Anleihen (sog. Rentenpapiere). Bei den derzeitig niedrigen Margen können
Sie sich für diese Anlageklasse kein aktives Management leisten. Ein Direktin-
vestment ist wesentlich sinnvoller.

5.4 Exchange-Traded-Funds (ETF)

Eine echte Alternative aus Kostensicht sind börsengehandelte Indexfonds, sog.
Exchange-Traded-Funds (ETF). Leider werden Sie von Finanzvertrieben sehr
stiefmütterlich behandelt, da sie nur eine unbedeutende Provision generieren.
Eigennutzen geht vor Kundennutzen, dieses Verhalten müssen Sie immer mit
in Ihr Kalkül einbeziehen.

ETFs sind kostengünstiger, weil ihr Portfolio nicht aktiv gemanagt werden
muss. Sie bilden lediglich einen Vergleichsindex[64] (z. B. den DAX) nach. Deswegen werden sie auch passiv gemanagte Fonds genannt. Viele aktiv gemanagte Investmentfonds lassen kaum einen Unterschied zu ihrem Vergleichsindex
erkennen. Da ist die Frage natürlich berechtigt, wofür überhaupt ein Fondsmanager benötigt wird. Die Auswahl an ETFs[65] ist mittlerweile genauso umfang-
reich wie bei den Investmentfonds. Um die Produkte verschiedener Anbieter
vergleichbar zu machen, hat die Société-Générale-Tochter Lyxor einen ETF-
Effizienz-Indikator (www.lysoretf.de) entwickelt. Denn auch die ETFs unterei-
nander haben sehr unterschiedliche Kostenstrukturen.

Ansonsten können alle ETFs an der Börse gehandelt werden. Sie sind daher ein
sehr liquides Anlagegut. Es besteht auch kein Emittentenrisiko wie bei Zertifi-
katen, da das Fondsvermögen immer Sondervermögen der Fondsgesellschaft ist.

Einen wichtigen Unterschied bei ETFs sollten Sie noch kennen, auch wenn es
jetzt schon sehr ins Detail geht. Kaufen Sie nur voll replizierende ETFs. Denn

---

[64] Ein Index ist eine Ansammlung von Wertpapieren, die ein bestimmtes Marktsegment abbildet.
Die Größe dieses Marktsegments bestimmt auch den Umfang der Wertpapiere (z.B. umfasst der
DAX die 30 größten Standardwerte).

[65] Einer der größten Anbieter von ETFs ist iShares von Blackrock (www.ishares.com).

nur dann werden tatsächlich (physisch) auch die Wertpapiere des jeweiligen Index gekauft. Bei swap-basierten[66] ETFs wird lediglich ein virtuelles Geschäft abgeschlossen, nämlich eine Wette mit einer anderen Bank über den Verlauf eines bestimmten Index.

5.5   Tages- und Festgeldkonten

Jeder sollte ein Tages- oder Festgeldkonto[67] haben. Warum, werden Sie fragen, denn die realen Tagesgeldrenditen (Abb. 22 und 23) sind negativ. Ganz einfach, es erhält Ihnen die notwendige Flexibilität. Sie können flexibel reagieren, wenn sich Anlagechancen bieten oder wenn sich ein unverhoffter Kapitalbedarf ergibt. Außerdem fühlt es sich gut an, wenn Sie ein finanzielles Polster haben, auf das Sie jederzeit zurückgreifen können. Natürlich sollte Ihr „geparktes Vermögen" nicht den größten Teil Ihrer Altersvorsorge ausmachen, sonst reicht es vielleicht doch nicht für einen unbekümmerten Lebensabend. Es ist aber erschreckend, wie viele – selbst gutverdienende Leute – keine nennenswerte Liquiditätsreserve vorhalten.

Abbildung 22: Tagesgeldrendite abzüglich Inflation

---

[66] Swap-basierte Indexfonds sind meist billiger, weil die Transaktionskosten geringer sind.

[67] Tages- und Festgeldkonten sind gesetzlich bis 100.000 Euro abgesichert.

Bei den derzeit niedrigen Zinsen sollten Sie sich die Angebote sehr genau anschauen.

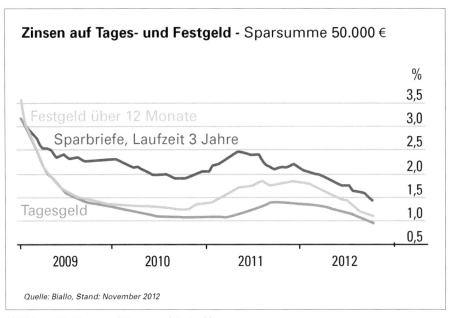

Abbildung 23: Zinsen auf Tages- und Festgeld

Das Rennen machen da sicherlich die Online-Banken. Im Internet gibt es unzählige Vergleichsportale,[68] die Ihnen einen optimalen Marktüberblick geben.

5.6 Das eigene Unternehmen

Als Selbstständiger haben Sie sich eine wichtige Anlageklasse geschaffen: Ihr Unternehmen. Diese Anlageklasse sollten Sie hegen und pflegen, denn sie ist die tragende Säule Ihrer Altersvorsorge. Beantworten Sie in diesem Zusammenhang drei Fragen:

- Existiert für mein Unternehmen oder meinen Unternehmensanteil überhaupt ein Firmenwert?
- Wie kann ich den Firmenwert ermitteln?
- Und vor allem: Wie kann ich den Firmenwert am Ende meines Arbeitslebens gewinnbringend realisieren?

---

[68] z. B. www.tagesgeldvergleich.net oder www.check24.de.

Die Bewertung von Unternehmen ist schwierig, weil es insbesondere für kleinere Unternehmen keinen geregelten Markt gibt. Letztendlich ist ein Unternehmen immer so viel wert, wie ein Dritter bereit ist dafür zu zahlen. Das ist eine Binsenweisheit, die an dieser Stelle auch nicht weiterhilft. Sie zeigt aber auf, dass der einmal rechnerisch ermittelte Unternehmenswert nicht zwingend auch ein tatsächlich erzielbarer Kaufpreis ist. Die Erfahrung zeigt, dass sich manchmal für ein ertragreiches Unternehmen überhaupt kein Käufer findet und in anderen Fällen ein Unternehmen weit über Wert verkauft wird.

Der Wert eines Unternehmens ermittelt sich grundsätzlich an dessen Ertrag[69] oder noch präziser: an seinen zukünftigen Erträgen. Denn der Kaufpreis soll sich schließlich in absehbarer Zeit aus den zukünftigen Erträgen amortisieren. Deswegen haben Wirtschaftsprüfer das Ertragswertfahren standardisiert (IDW S 1), mit dem sich Firmen bewerten lassen. Bevor Sie aber ein aufwendiges und damit teures Gutachten in Auftrag geben, versuchen Sie es mit folgender Faustregel:

> Durchschnittlicher Unternehmensgewinn vor Steuern der letzten 3 Jahre
> - angemessene Vergütung für Art und Umfang Ihrer Tätigkeit[70]
> x Faktor 3 bis 4
> _____
> = Unternehmenswert

---

[69] Selbst der Internet-Hype in den 90er Jahren hat diese Grundregel nur für eine sehr kurze Zeit außer Kraft setzen können. Auch für Start-Up-Unternehmen gilt der gleiche Maßstab: Da ist es die Hoffnung auf einen zukünftigen Ertrag!

[70] Bei Kapitalgesellschaften ist die Tätigkeitsvergütung schon als Betriebsausgaben berücksichtigt und muss nicht noch einmal abgezogen werden.

Beispiel: Ihr Unternehmen hat in den letzten drei Jahren einen durchschnittlichen Gewinn in Höhe von 250.000 Euro vor Steuern erzielt. Dies entspricht in etwa auch den Erwartungen für die nächsten Geschäftsjahre. Für Ihre Tätigkeit[71] setzen Sie insgesamt 120.000 Euro pro Jahr an (inkl. Abgeltung der Überstunden und Sachleistungen, wie z. B. ein Firmenfahrzeug). Das ergibt eine Bemessungsgrundlage von 130.000 Euro. Jetzt multiplizieren Sie diese Zahl noch mit dem jeweiligen Faktor. Erzielt Ihr Unternehmen nachhaltig (beständiger Kundenstamm, kaum Preisschwankungen, gute Auftragslage und Marktposition) die angegebenen Gewinne, dann kann durchaus der höhere Faktor 4 angesetzt werden. Dadurch ergibt sich ein Unternehmenswert in Höhe von 520.000 Euro. Das ist nur ein erster Richtwert, wie viel Ihr Unternehmen wert sein könnte.[72]

Bei nicht wenigen, eher kleineren Unternehmen verbleibt nach Abzug einer angemessenen Tätigkeitsvergütung für die Arbeit des Unternehmers überhaupt kein Restgewinn. Ist das in Ihrem Fall so, dann droht Ihr Unternehmen zum Ladenhüter zu werden. An dieser Stelle sollten Sie sich – auch wenn es hart klingt – ernsthaft Gedanken machen, ob sich eine Selbstständigkeit überhaupt lohnt.

Eine weitere Unsicherheit in der Planung Ihres Vermögenswerts „Unternehmensbeteiligung" ist die zukünftige Entwicklung Ihrer Firma. Selbst bei großen DAX-Unternehmen, die schon sehr lange erfolgreich existieren, kann sich der Unternehmenswert sehr schnell verändern. Ein gutes Beispiel ist die Deutsche Bank, die seit jeher eine Säule der deutschen Wirtschaft darstellt. Deren Börsenwert hat sich seit dem Hoch von 2007 schlichtweg halbiert.

Der zukünftige Wert Ihres Unternehmens ist von vielen äußeren Faktoren (z. B. Preisentwicklung, Wirtschaftszyklen, Innovationen) abhängig, die Sie nur bedingt beeinflussen können. Eines können Sie aber beeinflussen, das ist die Unternehmensnachfolge Ihres Unternehmens. In vielen Unternehmen sind beachtliche Werte verloren gegangen, weil man nicht rechtzeitig an einer systematischen Übergabe der Geschäftsleitung gearbeitet hat. Das kann auch Ihnen passieren, wenn ein Dritter nicht in einer angemessen Zeit Ihren Job übernehmen kann. Viel zu viele Unternehmer klammern sich zu sehr an ihr Unternehmen und geben niemandem einen Einblick in die Geschäftsleitung.

---

[71] Beispielsweise erstellt das Unternehmen Kienbaum regelmäßig Studien zur Vergütung von Geschäftsführern.

[72] Zum Zweck der Altersvorsorgeplanung müssen Sie davon noch die Steuern abziehen, da Ihnen leider nur der Nettobetrag bleibt.

Beim tatsächlichen Verkaufsprozess wird dann ein weiterer Fehler begangen: Die Braut wird nicht geschmückt! Jeder Gebrauchtwagenhändler poliert seine angebotene Ware sprichwörtlich auf Hochglanz, damit ein möglichst hoher Preis erzielt werden kann. Nur der Selbstständige macht das nicht, wenn er sein Unternehmen verkauft. Erstellen Sie deswegen zwingend ein umfangreiches Exposé für den Verkauf Ihres Unternehmens. Oftmals werden dem potentiellen Käufer nur aktuelle betriebswirtschaftliche Auswertungen und die letzten Jahresabschlüsse genannt. Die Interpretation dieser Zahlen und die Kaufpreisfindung überlässt man dann dem Käufer selbst. Das führt in den wenigsten Fällen zum krönenden Abschluss einer Altersvorsorgeplanung. Geben Sie demnach detailliert Aufschluss über die nachhaltige Ertragskraft Ihres Unternehmens, über Ihre exponierte Marktstellung und über eine eindeutige Herleitung Ihres Kaufpreises. Nur so können Sie die notwendige Souveränität in der Kaufpreisverhandlung behalten.

5.7 Gold

Gold dient der Absicherung gegen die wirklich großen Krisen. Ob es Staatsbankrotte, Kriege oder politische Machtwechsel gegeben hat – seit Jahrtausenden behält dieses Edelmetall seinen Wert. Es ist schlichtweg unzerstörbar. Deswegen gehört es als Beimischung (5 % - 10 %) in jedes Vermögensportfolio und stellt den ultimativen Kern Ihrer Altersvorsorge dar. Gold sollte aber nicht als klassisches Investment verstanden werden, da es keine Erträge bringt. Außerdem unterliegt es großen Wertschwankungen (Abb. 24). In den letzten zehn Jahren hat sich der Goldpreis (in Dollar) fast versechsfacht. Wer jedoch Anfang der 1980er Jahre Gold kaufte, musste mehr als zwei Jahrzehnte warten, um wieder den Einstandspreis zu bekommen. Bedenken Sie bitte auch, dass Sie ein Währungsrisiko mit einkaufen, da Gold in Dollar gehandelt wird. So kann es passieren, dass ein steigender Goldpreis durch einen veränderten Wechselkurs aufgezehrt wird.

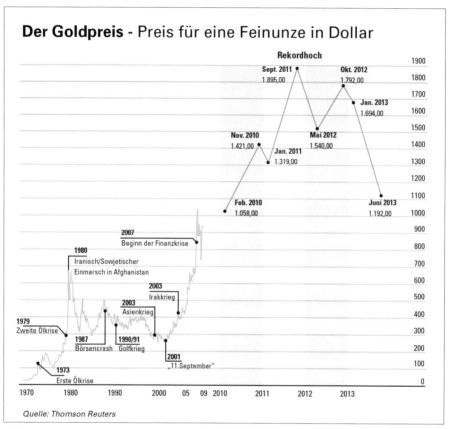

Abbildung 24: Der Goldpreis

Die große Frage ist nun: In welcher Form kaufe ich Gold? Goldbarren und Gold-
münzen erzeugen ein ungemein beruhigendes Gefühl. Es ist zwar etwas teurer als
andere Anlageformen, aber was man (physisch) hat, das hat man. Entscheiden Sie
jetzt, wo Sie Ihren Goldschatz aufbewahren. Sie können ihn ganz einfach in ein
Schließfach bei Ihrer Bank legen. Das schützt jedoch nicht vor staatlicher Enteignung.[73] Je nachdem, wie intensiv Sie Ihr Weltuntergangsszenario ausleben wollen,
können Sie Ihr Gold auf mehrere Orte unterschiedlicher politischer Regionen verteilen (z. B. in ein Zollfreilager in der Schweiz[74]) oder einfach im Garten vergraben.

---

[73] Goldverbote gab es 1933 in den USA und in vielen sozialistischen und kommunistischen Staaten (z. B. in der Volksrepublik China von 1949 bis 1983).

[74] Nahezu alle denkbaren Szenarien werden beschrieben in: *Miller, Markus*, Der große Strategie-
und Edelmetall-Guide, München 2013.

Es gibt aber noch andere Alternativen, die dem physischen Besitz von Gold sehr nah kommen. Xetra-Gold[75] (ISIN DE000A0S9GB0) ist dafür ein gutes Beispiel. Das ist eine Anleihe, die zu 100 % durch Gold gedeckt ist. Der physische Deckungsbestand lagert dabei im deutschen Zentraltresor für Wertpapiere. Der Preis für Xetra-Gold orientiert sich am Weltmarktpreis für Gold. Bei Kauf und Verkauf entstehen lediglich die banküblichen Transaktionskosten. Somit können Sie Ihr Gold ganz bequem in Ihrem Wertpapier-Depot verwahren.

Wer Bedenken gegenüber dem Auslieferungsanspruch des physischen Goldes bei einem weltwirtschaftlichen Finanz-Super-Gau hat, der sollte über Schweizer Gold-ETFs nachdenken. Die Produktstandards[76] der Schweizer ETFs gewährleisten die höchste Absicherung bei der Herausgabe Ihres Goldes. Gleichzeitig sollten die ETFs mit einer USD-Währungsabsicherung versehen sein. Dann sind Sie rundum für den Weltuntergang gerüstet.

5.8 Photovoltaikanlagen

Photovoltaikanlagen sind schon seit Jahren ganz oben auf der Liste der Kapitalanleger. Trotz sinkender Einspeisegarantien erzielen die Sonnenkacheln solide Renditen, da sich gleichzeitig auch die Anschaffungskosten im Sinkflug befinden. Die Vorteile für dieses Investment sind schon bestechend:

- Sichere Renditen durch die 20-jährige Einspeisungsgarantie (Erneuerbare-Energien-Gesetz – EEG),
- Geringer Verwaltungsaufwand (fast wartungsfrei, feste Verträge über die gesamt Laufzeit, keine nervigen Mieter und zeitraubenden Eigentümerversammlungen),
- Günstige Darlehen, z. B. Förderprogramme der Kreditanstalt für Wiederaufbau (KfW),
- Ökologisch sinnvolle Technik,
- Steuerstundungseffekt durch den Investitionsabzugsbetrag nach § 7g EStG; Abzug von 40 % der Investitionskosten schon im Jahr der Kaufentscheidung,
- Zusätzlich zur Regelabschreibung (5 % p.a.) können innerhalb der ersten

---

[75] Xetra-Gold können Sie über Ihre Hausbank oder diverse Discount-Broker in Deutschland erwerben.

[76] Im Detail: *Miller, Markus*, Der große Strategie- und Edelmetall-Guide, München 2013, S.160 ff.

fünf Jahre 20 % der Anschaffungskosten beliebig verteilt werden.

Diese Argumente beflügeln natürlich die Phantasie der Kapitalanleger. Da sind ganz schnell mal für eine Million Euro Solarmodule auf das Dach eines Supermarkts geschraubt. Aber auch hier gilt es einen kühlen Kopf zu bewahren. Werfen Sie erst einmal einen Blick auf die Renditeberechnung.[77] Die ist bei Photovoltaikanlagen erfreulicherweise überschaubar. Die meisten Rendite-berechnungen legen einen Zeitraum von 20 Jahren[78] zu Grunde. Für diesen Zeitraum sind die Einnahmen garantiert, die Dachmiete vertraglich vereinbart und die Solarmodule halten wahrscheinlich auch so lange. Jetzt stellt sich nur noch die Frage, wie viel Fremdkapital Sie einsetzen wollen? Je mehr Fremd-kapital eingesetzt wird, desto höher fällt die Rendite aus. Diese wird nämlich nur auf das eingesetzte Eigenkapital berechnet und betrifft nicht die komplette Investitionssumme. Im Klartext: Investieren Sie 100.000 Euro und setzen dabei nur 20.000 Euro Eigenkapital ein, dann wird die Kapitalverzinsung nur auf die 20.000 Euro berechnet. Sie gehen jedoch ein Risiko für 100.000 Euro ein. Das sollten Sie bedenken.

Diese Bedenken sind schnell verflogen, wenn der Finanzdienstleister seinen letzten Joker zieht: den Investitionsabzugsbetrag! Der Investor kann nämlich schon im Jahr der Kaufentscheidung (Nachweis z. B. durch eine verbindliche Bestellung) gem. § 7g Abs. 1 EStG 40 % der Kaufsumme steuermindernd gel-tend machen. Das verleiht Flügel und Sie brauchen keinen einzigen Tropfen Red Bull dafür. Damit wird dann so manche drohende Steuernachzahlung im Keim erstickt. Das macht alle glücklich, aber nur für den Moment. Der Investi-tionsabzugsbetrag ist nämlich nur eine vorgezogene Abschreibung und führt demnach lediglich zu einer Steuerstundung. Es ist kein zusätzliches Geschenk vom Staat. Sie müssen das Geld in den Folgejahren wieder durch eine erhöhte Steuerlast[79] zurückzahlen.

---

[77] Solide Berechnungen simulieren über die Nutzungsdauer ein Kapitalkonto des Investors. Dar-an lässt sich ablesen, wann sich die Anlage amortisiert hat und wie hoch die Kapitalmehrung am Ende der Nutzungsdauer ist.

[78] Einige Anbieter rechnen mit einer Nutzungsdauer von 35 Jahren. Dadurch lässt sich natür-lich die Rendite stark verbessern. Es ist jedoch sehr fraglich, ob dies der tatsächlichen wirt-schaftlichen Nutzungsdauer entspricht. Das Steuerrecht unterstellt auch nur eine 20-jährige Nutzungsdauer.

[79] Die Inanspruchnahme des Investitionsabzugsbetrags führt zu einer verminderten Abschrei-bung in den Folgejahren.

5.9   Die vermietete Wohnimmobilie

Fast in jedem Vermögensportfolio eines Selbstständigen ist eine vermietete Immobilie zu finden. Trotzdem war sie lange Zeit ein ungeliebtes Kind: Über Jahrzehnte gab es keine nennenswerten Wert- und Mietsteigerungen, aber Ärger mit Mietern und lästigen Verwaltungskram – nichts, was wirklich Spaß macht. Und plötzlich erlebt diese Anlageklasse eine Renaissance. Die letzte Finanzkrise hatte ihren Dornröschenschlaf abrupt beendet. Der immense Verlust vieler Vermögenswerte und die Angst vor den Folgen der Gelddruckpresse westlicher Industrienationen haben eine nie da gewesene Flucht in Sachwerte ausgelöst. Das hat auch zu einer bis heute ungebremsten Nachfrage an Wohnimmobilien geführt. Gleichzeitig haben sich auch die Mietpreise deutlich nach oben bewegt, da die schleppende Nachfrage der vorangegangenen Jahrzehnte den privaten Wohnungsbau stark abgebremst hatte. Die historisch niedrigen Bauzinsen haben dann noch für zusätzlichen Rückenwind gesorgt.

Das sind rundum gute Nachrichten für zukünftige Wohnungseigentümer. Jetzt stellt sich die große Frage: Welche Immobilie sollte es denn sein? Man kann es nicht oft genug sagen, aber das wichtigste Kriterium ist die Lage der Immobilie. Schauen Sie sich einfach mal an, welche Immobilien sich in der Vergangenheit überdurchschnittlich gut entwickelt haben: Wohnungen und Häuser in guten und sehr guten Lagen! Sie kaufen damit nicht nur ein wertbeständiges Vermögensgut, sondern in der Regel auch ein gutes Mietklientel mit ein. Das klingt alles sehr gut, hat aber einen Haken: den Preis. Selbst eine Immobilie in guter Lage sollte noch eine Mietrendite vor Steuern von 3 % bis 5 % – gemessen am Kaufpreis – erzielen. So eine Immobilie ist derzeit schwer zu finden – der Markt hat sich an dieser Stelle überhitzt. Das passiert immer dann, wenn zu viele Leute das Gleiche zur selben Zeit wollen. Da gibt es leider nur einen Rat: abwarten und später antizyklisch handeln. Hier zeigt sich ein typisches Anlegerphänomen. Jeder versucht noch schnell auf den Zug aufzuspringen, obwohl er schon längst voll ist. Anstatt zu spät zu reagieren, sollten Sie rechtzeitig agieren. Warum tun es die wenigsten? Weil sie keinen Plan haben und auch weitreichende Finanzentscheidungen impulsiv und isoliert treffen.

5.9.1 Total angesagt: Studentenappartements und Denkmalschutz-Immobilien

Der gewiefte Immobilienmakler wird als Antwort auf das derzeitige Dilemma am Wohnungsmarkt zwei weiße Kaninchen aus dem Hut zaubern. Überprüfen Sie bitte besonders kritisch, ob es sich nicht nur um einen cleveren Finanztrick handelt. Denn echte Zauberer gibt es nur sehr wenige.

5.9.1.1 Studentenappartements

Mit Studentenappartements lassen sich derzeit sehr gute Mietrenditen erzielen, da der Wechsel zum achtjährigen Gymnasium und der Wegfall der Wehrpflicht zu einem wahren Studententsunami an den Universitäten geführt hat. Gleichzeitig wird aber auch jede Baulücke in Reichweite einer Universität für den Neubau von Studentenappartements genutzt. Der Markt wird sich also in absehbarer Zeit wieder beruhigen. Dann werden die stolzen Eigentümer merken, dass man ihnen in den Hochglanzprospekten einen wichtigen Nachteil verschwiegen hat: den häufigen Mieterwechsel unter den Studenten. Darüber hinaus bewohnen Studenten in der Regel ihre vier Wände etwas intensiver als anderes Mietklientel. Das führt unweigerlich zu mehr Renovierungsaufwand beim Mieterwechsel. Die Vergangenheit hat gezeigt, dass die Eigentümer sehr schnell die Lust an diesen Appartements verlieren. Dann erhöht sich wieder das Angebot an Studentenappartements und die Preise sinken wieder. Zu diesem Zeitpunkt können Sie wieder in dieses Segment einsteigen.

5.9.1.2 Die denkmalgeschützte Immobilie

Die denkmalgeschützte Immobilie ist die nächste Zauberwaffe. Denn die vorgezogene Abschreibung auf den Modernisierungsaufwand führt zu einem sehr nützlichen Steuerspareffekt. Sie können nämlich den denkmalschutzgerechten Sanierungsaufwand[80] innerhalb von zwölf Jahren (jeweils 9 % in den ersten achten Jahren und jeweils 7 % in den darauffolgenden vier Jahren) steuermindernd geltend machen. Die dadurch ersparte Steuer können Sie dann zur Vermögensbildung und somit für Ihre Altersvorsorge nutzen. Wahlweise können Sie auch Sondertilgungen leisten, um sich schneller zu entschulden. In der Theorie funktioniert das wunderbar. Die Praxis ist eine andere. Die freien liquiden Mittel werden

---

[80] § 7h und 7i EStG; bei selbstgenutzten Wohneigentum § 10f EStG.

leider allzu oft für den Konsum ausgegeben. Der Katzenjammer beginnt dann im 13. Jahr, wenn der Begünstigungszeitraum ausgelaufen ist und Sie sich leider an den Konsum gewöhnt haben. Das ist auch der Zeitpunkt, an dem viele Investoren ihre Immobilie wieder loswerden wollen. Denn Ziel war es für diese Leute nicht, Vermögen aufzubauen, sondern nur die Steuerersparnis zu bekommen.

Der nächste Schock kommt, wenn Sie dann feststellen, dass Sie überteuert eingekauft haben. Denn denkmalgeschützte Immobilien sind sehr begehrt, da sie eines der ganz wenigen noch verbliebenen Steuersparmodelle sind. Das wissen vor allem Makler und Bauträger, die daraufhin die Steuerersparnis schon im Kaufpreis mit einkalkulieren. Schauen Sie deswegen beim Kauf ganz besonders auf die Rendite des Objekts vor und nach (!) dem Steuerbegünstigungszeitraum.

Zweitmarkt für denkmalgeschützte Immobilien – verborgener Schatz oder Ladenhüter?

Gerade in den neuen Bundesländern gibt es viele denkmalgeschützte Objekte, bei denen der Begünstigungszeitraum schon abgelaufen ist. Viele wollen ihre Immobilie verkaufen, weil sie nur an der Steuerersparnis interessiert waren. Außerdem ist den meisten der Verwaltungsaufwand zu groß. Einige müssen sogar verkaufen, weil sie nach Ablauf der Steuerbegünstigung die laufenden Zahlungen nicht mehr leisten können. Jetzt heißt es, die Spreu vom Weizen zu trennen. Meiden Sie schlecht sanierte Wohnungen in unterentwickelten Lagen, auch wenn der Preis lockt. Halten Sie stattdessen Ausschau nach gut sanierten Wohnungen[81] in guten Lagen und mit einer soliden Mietklientel.[82] Diese sind durchaus zu einem akzeptablen Einstandspreis zu bekommen, da die Nachfrage längst nicht so groß ist, wie der allgemeine Immobilienboom vermuten lässt. Das hat zwei gute Gründe. Zum einem gibt es nur eine sehr geringe Nachfrage von Eigennutzern in den neuen Bundesländern. Zum anderen sind Kapitalanleger vorrangig nur an Wohnungen mit erhöhter Abschreibung interessiert. Natürlich benötigen Sie Zeit und Geduld, um diese Perle zu finden. Aber das benötigen Sie für jedes gute Investment. Versuchen Sie es einfach!

---

[81] Lassen Sie sich die Protokolle der letzten Eigentümerversammlungen geben und ziehen Sie ggf. einen Architekten oder Bausachverständigen hinzu.

[82] Lassen Sie sich die Miethistorie (Mieterwechsel, Miethöhe, Leerstandzeiten) der letzten zehn Jahre geben!

5.9.2 Die Ferienimmobilie

Ein Stück Urlaub zu besitzen, ist ein schöner Traum. Für einige geht er in Erfüllung, in dem sie an ihrem Lieblingsferienort ein eigenes Domizil erwerben. Dagegen ist nichts einzuwenden. Sie sollten sich aber im Klaren darüber sein, dass es sich um Luxus handelt. Dieses Investment ist nicht Teil Ihrer Altersvorsorgeplanung. Natürlich können Sie auch mit einer Ferienimmobilie eine Einkommensquelle erschließen, wenn Sie diese in den nicht genutzten Zeiten vermieten. Die Erfahrung zeigt aber, dass nur wenige Ferienimmobilien tatsächlich eine nachhaltige Rendite abwerfen. Oftmals verlieren die Eigentümer nach ein paar Jahren gänzlich die Freude an ihrem einstigen Traum. Eigentum bedeutet nämlich auch ständige Pflege und schließlich möchte man auch noch andere schöne Orte entdecken.

Fazit

Pflege! Das ist das Schlüsselwort für alle Investitionen in Immobilien. Bei Teileigentum (z. B. Eigentumswohnungen) ist es entscheidend, dass Sie von einer engagierten Hausverwaltung betreut werden. Denn es ist nicht einfach, den Interessen aller Eigentümer gerecht zu werden. Aber nur mit einer funktionierenden Eigentümergemeinschaft können Sie auch den Wert Ihrer Immobilie über Jahrzehnte erhalten und hoffentlich sogar steigern.

Um den Mieter und Ihr Sondereigentum[83] müssen Sie sich in der Regel selbst kümmern. Es ist auch sinnvoll, wenn Sie bei der Auswahl Ihres Mieters mitwirken und Sie einen direkten Kontakt zu ihm haben. Vergessen Sie nie, dass es sich um Ihr Eigentum handelt. Je besser Sie sich um dieses Eigentum kümmern, desto besser wird es gedeihen. Es ist unfassbar, wie viele ihre Vermögenswerte vernachlässigen. Sie schmeißen dann sprichwörtlich ihr Geld aus dem Fenster.

Zu guter Letzt erhalten Sie noch eine Checkliste für Ihren nächsten Immobilienkauf.

Check Immobilienkauf:

- Kaufe ich in einer bevorzugten Wohngegend?
- Wie ist die Wohn- und Arbeitsqualität der jeweiligen Stadt zu beurteilen?
- Welche Qualität hat die Bausubstanz?
- Wie hochwertig wird/wurde saniert?
- Wie sind die Ausstattung und die Raumaufteilung der Wohnung?
- Wie solide ist der Bauträger?
- Welche Objektrendite vor (!) Steuern ist realistisch zu erzielen?
- Wie realistisch sind die Mieterwartungen?
- Wie erfolgt die anschließende Betreuung (Verwaltung des Gemeinschafts- und des Sondereigentums) der Immobilie?
- Geben die Protokolle der letzten Eigentümerversammlungen Anlass zu wertmindernden Faktoren (z. B. Renovierungsstau, Streit der Eigentümergemeinschaft)?

---

[83] Eine Definition finden Sie in § 5 WEG. Im Allgemeinen gehören dazu die Räume einer Wohnung, einschließlich Bodenbeläge, nicht tragende Wände und Einbaumöbel.

5.10 Das Eigenheim

Die eigenen vier Wände sind für viele der ultimative Lebenstraum. Sie sind daher bereit auf vieles zu verzichten, um sich diesen Wunsch zu erfüllen. Genau dieser Ansatz ist so wertvoll für die Altersvorsorgeplanung, denn sie erhöht die Sparquote und damit Ihr Vermögen für das Alter.

Jetzt muss das Eigenheim nur noch die richtige Größe haben. Genau da wird der Traum manchmal zum Albtraum, weil man sich finanziell überschätzt. Es läuft immer nach demselben Muster ab. Zunächst lässt man sich vom Steuerberater den finanziellen Rahmen berechnen. Anschließend sichert man sich bei der Bank die dazu passende Finanzierung. Der Bau des Eigenheims beginnt und am Schluss wird alles teurer als geplant. Die Argumente für die Kostenüberschreitung sind auch immer die gleichen: „Wir bauen schließlich nur einmal im Leben" oder „Schließlich haben wir unser ganzes Leben hart gearbeitet". Die Aussagen sind natürlich richtig und nachvollziehbar, aber sie dürfen nicht dazu führen, dass Sie sich deshalb einen „finanziellen Schraubstock" anlegen. Behalten Sie also einen kühlen Kopf, auch wenn das Eigenheim immer eine Herzensangelegenheit ist.

Die finanzielle Größe Ihres Eigenheims lässt sich ganz einfach bestimmen. Sie sollte ein Drittel des Zielvermögens[84] nicht überschreiten. Benötigen Sie 1,5 Millionen Euro für den Ruhestand, dann können Sie eine halbe Millionen Euro für die eigenen vier Wände ausgeben. Sie können aber auch die Ausgabenseite betrachten. Gemäß einer Verbraucherstichprobe des Statistischen Bundesamts geben die Deutschen im Durchschnitt 32,6 % ihres verfügbaren Einkommens für Wohnen aus. Demnach sollte die „Drittel-Regel" auch für die Ausgabenseite gelten.

---

[84] Reinvermögen bei Eintritt in den Ruhestand.

Beispiel: Ihre Wunsch-Immobilie kostet 500.000 Euro. (Dafür bekommen Sie z. B. in Leipzig sehr viel Wohnraum, in München und Stuttgart wird es als Familie schon etwas eng.) Aus Vereinfachungsgründen[85] gehen wir jetzt davon aus, dass Sie den kompletten Kaufpreis einschließlich Nebenkosten über Kredit finanzieren. Daraus ergibt sich folgende Berechnung:

Finanzierungskosten bei 3 % Zinsen	15.000 Euro p.a.
Betriebskosten (3 Euro/qm)	6.000 Euro p.a.
Abschreibung (Wertverzehr) 2 %	10.000 Euro p.a.
Sonderwünsche pauschal	3.000 Euro p.a.
Gesamtausgaben WOHNEN	34.000 Euro p.a.

Erläuterung: Bei der Berechnung wurden nur die Zinsen angesetzt. Die Tilgungen sind keine Konsumausgaben für Wohnen, sondern Vermögensaufbau. Die unsicherste Variable sind die Sonderwünsche für die eigenen vier Wände. Bei einer gemieteten Wohnung oder einem gemieteten Haus begnügt man sich mit dem Status-Quo der Immobilie. Bei einem Eigenheim entstehen leicht Sonderwünsche, wie z. B. nach einem Kamin, einer Sauna, der Neuanlage des Gartens oder dem schicken Whirlpool. Je nachdem, welcher Lifestyle angestrebt wird, sollte die Pauschale nach oben angepasst werden. Unterschätzen Sie auf keinen Fall diese Ausgaben-Position.

In unserem Fall ergeben sich jährliche Ausgaben für Wohnen in Höhe von 34.000 Euro. Die müssen natürlich aus dem Netto-Einkommen bestritten werden. Bei einem Durchschnitts-Steuersatz von geschätzten 30 % ergibt das 49.000 Euro brutto. Bei Anwendung der Drittel-Regel müsste Ihr Brutto-Jahreseinkommen daher 147.000 Euro betragen.

Achten Sie beim Kauf oder Bau Ihres Eigenheims auch darauf, dass Sie es auch im Alter sinnvoll nutzen können. Deswegen sollte die Immobilie möglichst zentrumsnah gelegen sein. Ein Verkauf des Eigenheims im Alter bedeutet nicht nur eine unnötige Belastung. Es ist auch fraglich, ob Sie dann noch einen guten Kaufpreis dafür erzielen können.

---

[85] Normalerweise sollten Sie 20 % Eigenkapital für Ihr Eigenheim ansparen.

Selbstverständlich sollte Ihr Eigenheim bis zum Eintritt in den Ruhestand auch vollständig abbezahlt sein, damit die Mieteinsparungen nicht durch die verbleibenden Darlehensraten geschmälert werden. Achten Sie darauf, dass es für Ihre Immobilie keinen Renovierungsstau gibt, dessen Behebung Sie von Ihrem Renteneinkommen bezahlen müssen.

Falls Ihre Vorsorgeplanung nicht ganz aufgeht, haben die Banken ein neues Produkt für Sie bereit: die Umkehrhypothek.[86] Damit belasten Sie Ihr Eigenheim zugunsten einer Einmalzahlung oder einer monatlichen Rente. Zins und Tilgung werden ein Leben lang gestundet und dann mit der Immobilie „verrechnet". Ein glückliches Rentenleben schaut anders aus.

5.11 Windkraft & Co

Vorsicht vor „grünen" Kapitalanlagen! Natürlich ist es grundsätzlich zu begrüßen, wenn Sie in saubere, nachhaltige Anlagegüter investieren. Ihr Geld in Windkraft, Solarenergie oder in ein Blockheizkraftwerk zu stecken, beruhigt nicht nur Ihr Gewissen, sondern ist ohne Zweifel ein Investment in die Zukunft unserer Kinder. Auf gewisse Weise sind diese Anlagemodelle auch eine Gegenbewegung zu den rein profitorientierten Hedgefonds, die mit riskanten Spekulationen ihr Geld verdienen – was wunderbar klingt, aber nur selten funktioniert.

Das gefährliche bei den umweltbewussten Investments sind die damit verbundenen Emotionen, nicht die Kapitalanlage selbst. Der edle Vorsatz, Gutes zu tun, lässt zu schnell die Fakten vergessen. Es geht ja schließlich um das große Ganze, da kann man nicht noch wie ein Buchhalter finanztechnische Details einfordern oder diese vielleicht sogar kritisch hinterfragen.

Ein trauriges Beispiel für solch eine „grüne" Fehlinvestition ist der Zusammenbruch des Windkraftbetreibers Prokon.[87] Die Werbung des Unternehmens Prokon hat genau den Zeitgeist nach der Lehmann-Brother-Pleite getroffen. Mit einer wahren Omnipräsenz wurde beispielsweise in U-Bahnen und Bussen für „das grüne Sparbuch mit Turborendite" geworben. 6 % - 8 % Rendite wurden versprochen und zunächst auch gezahlt. Dabei wurde immer der Sicherheitsaspekt hervorgehoben, da die Preisgarantien des Erneuerbare-Energien-Gesetzes

---

[86] s. a.: *Döller, Georg/Schulze, Jana*, Altersvorsorge, Frankfurt am Main 2013, S. 246.

[87] Weitere Details zur insolventen Prokon-Unternehmensgruppe: www.prokon.net.

(EEG) das Investment absichern sollten. So entstand eine scheinbar perfekte Symbiose aus Ökologie und Rendite.

Um darüber hinaus der „alten" Finanzwelt abzuschwören, wurde die Idee einer bankenunabhängigen Finanzierung geboren. Die Anleger sollten Genussscheine zeichnen. Jeder Anleger konnte aber nach Ablauf von sechs Monaten sein Investment mit Frist von einem Monat kündigen. Tatsächlich konnten auf diese Weise 1,4 Milliarden Euro Kapital von 75.000 Anlegern eingesammelt werden. Mit diesem Geld wurden dann auch die Investitionen in die erneuerbaren Energien getätigt - bankenunabhängig! Zur Abrundung der grünen Idee wollte Prokon dann noch für 80 Millionen Euro ein rumänisches Waldstück kaufen.

Doch dann kamen erste Zweifel an der Nachhaltigkeit des Investments auf. Der testierte (!) Konzernabschluss 2012 sollte zeigen, dass auch tatsächlich das Kapital für die ambitionierten Ausschüttungen verdient wurde. Doch trotz wiederholter Ankündigungen blieb die Prokon-Geschäftsführung diesen Beweis schuldig. Vielleicht wurde stattdessen das „frische" Anlegerkapital zur Ausschüttung verwendet? Das würde dann eher an ein „Schneeballsystem"[88] erinnern, als an ein solide wirtschaftendes Unternehmen. Daraufhin wurden verständlicherweise die Anleger nervös und zogen ihr Kapital ab. Die Insolvenz[89] des Unternehmens war schließlich das vorläufige Ende dieses ambitionierten Projekts.

Zum heutigen Zeitpunkt ist es nicht sicher, wie viel Geld die Anleger verlieren werden. Schließlich hat Prokon durchaus sinnvolle Investitionen getätigt. Nur waren sie wahrscheinlich nicht so ertragreich, wie es prognostiziert war. Damit treten auch die Fehler in der Konzeption zutage. Prokon hätte wissen müssen, dass diese hohen Renditen bei Investitionen in erneuerbare Energien nur schwer zu erzielen sind. Darüber hinaus finanziert man langfristige Investments nicht mit kurzfristigen Genussrechten.[90]

---

[88] Bei Schneeballsystemen wird ein Großteil der Ausschüttung durch die Rekrutierung immer neuer Teilnehmer finanziert. So hat auch Bernard Madoff seine nicht erwirtschafteten Renditeversprechen eine Zeit lang bedienen können. Der Zusammenbruch kam erst dann, als die Anleger auf Grund der Finanzkrise ihr Kapital abgezogen haben.

[89] Für Geschädigte: www.sg-fuer-prokon-anleger.de.

[90] Die Grundsätze fristenkonkruenter Finanzierung gehören zum kaufmännischen Grundwissen.

Der sorglose Kleinanleger hätte dagegen gar keine Genussscheine[91] zeichnen dürfen, wenn er die alte Bauernregel „Was der Bauer nicht kennt, dass frisst er nicht" beherzigt hätte. Die Anleger haben auch nicht – wie geglaubt – in Sachwerte investiert. Denn bei Genussrechten handelt es sich um nachrangiges Kapital, mit dem die Inhaber ein direktes Verlustrisiko tragen. Die Anleger haben im Durchschnitt 20.000 Euro angelegt. Bei dieser Summe sollte man verstehen, was man abschließt. Damit man es versteht, muss man sich mit den Fakten auseinandersetzen. Das haben die meisten Anleger wahrscheinlich nicht getan. Ihnen haben ein paar clevere Werbeversprechen genügt, um sich für diese Investition zu entscheiden. Da hilft auch nicht der Ruf nach mehr Anlegerschutz. Viel wichtiger ist ein Appell an den gesunden Menschenverstand und eine sorgfältig vorbereitete Investitionsentscheidung. Wenn Sie das beherzigen, kann Ihnen durchaus auch eine erfolgreiche Investition in nachhaltige Investitionsgüter gelingen.

5.12 Schiffsfonds

Beteiligungen an Schiffsfonds wurden lange Zeit als sichere Anlage verkauft. So wurden viele Kleinanleger zu Unternehmern. Denn Sie zeichneten als Kommanditisten[92] einen KG-Anteil, der sich heute in vielen Fällen als wertlos entpuppt. Seit der Jahrtausendwende wurden ca. 30 Milliarden Euro in Schiffsfonds (vornehmlich Containerschiffe) investiert.[93] Heute sind mehr als 200 Fonds pleite. Ungefähr 60 % der laufenden Fonds befinden sich in der Sanierung. Das ist eine wahre Finanzapokalypse! Wie konnte diese einst so prosperierende Branche baden gehen und was können Sie für Ihr Anlageverhalten daraus lernen?

Zunächst einmal war alles sehr plausibel. Langfristige Charterverträge garantierten Sicherheit und Ertrag. Die in der Ära Kohl eingeführte Tonnagesteuer führte dazu, dass die soliden Erträge nur moderat versteuert wurden. Die globalisierte Weltwirtschaft boomte und somit wurden auch immer mehr Trans-

---

[91] Genussscheine sind Zwitterpapiere. Sie besitzen Eigenschaften einer Aktie und einer Anleihe. Es gibt bei der Ausgestaltung keine gesetzlichen Vorgaben. Der Emittent kann die Rechte der Genussscheininhaber frei regeln. Allein deswegen ist es für Kleinanleger völlig ungeeignet.

[92] Beim Kommanditisten ist das Risiko auf die Kapitaleinlage begrenzt. Aber es ist auch schon sehr schmerzhaft, wenn das ganze Beteiligungskapital weg ist.

[93] Zahlen des Analysehauses Deutsche Fondsresearch; *Anastassiou, Christina*, Kein Ende der Schiffsfonds-Pleiten in Sicht, Die Welt online vom 16.11.2013 (http://www.welt.de/finanzen/geldanlage/article121950487/Kein-Ende-der-Schiffsfonds-Pleiten-in-Sicht.html).

portschiffe benötigt. Der Anleger konnte tatsächlich die prognostizierten Ausschüttungen verbuchen. Alle waren glücklich.

Plötzlich wollte jeder eine Schiffsbeteiligung zeichnen. Daraufhin wurden immer mehr Schiffsfonds aufgelegt, mehr Schiffe bestellt, was schließlich zu Überkapazitäten am Markt führte. Die boomende Nachfrage hatte natürlich auch die Provisionen und Gebühren ansteigen lassen. Damit die Fondsgesellschaften den Anlegern trotzdem noch ordentliche Renditen ausschütten konnten, mussten sie die Schiffe zu einem großen Teil über Kredite finanzieren. Um es deutlich zu machen: Nur ein Drittel der Investitionssumme wurde durch die Anleger als Eigenkapital bereitgestellt, die restlichen zwei Drittel finanzierten die Banken. Diese massive Verschuldung führte zu einem Risiko, das der normale Kleinanleger nur schwer überblicken konnte. Doch es gilt der Merksatz: „Kredite sind der siamesische Zwilling der Spekulation",[94] weil sie das Risiko potenzieren. Welche Folgen das haben kann, zeigte eindrucksvoll die Schiffsbranche. Mit dem Beginn der Finanzkrise im Jahr 2007 brach auch die Nachfrage nach Charteraufträgen ein. Verträge wurden nicht verlängert und selbst bestehende Kontrakte[95] konnten nicht mehr eingehalten werden. Seitdem sind auch die Charterraten stark nach unten gegangen.[96] Nachdem die prognostizierten Erträge ausgeblieben waren, sorgte der hohe Verschuldungsgrad der Fondsgesellschaften für ein schnelles Ende. Die meisten Anleger verloren somit meist ihr ganzes Kapital.

Der Katzenjammer ist jetzt groß. In dieser Situation bieten spezialisierte Anwaltskanzleien den Beitritt zu Sammelklagen an.[97] Aber Vorsicht! Nur in wenigen Fällen führt ein langjähriger Prozess auch zu dem gewünschten Erfolg.[98] Eher treffen Sie jetzt auf eine weitere Branche, die mit Ihnen Geld verdienen will.

Zusammenfassend sollten Sie sich für Ihre Altersvorsorge nur in Ausnahmefällen an KG-Modellen[99] beteiligen. Das unternehmerische Risiko ist zu groß, die

---

[94] Edward Chancellor, Finanzhistoriker.

[95] Durch die Insolvenz der japanischen Reederei The Sanko Steamship konnten viele bestehende Charterverträge nicht erfüllt werden.

[96] Zur Preisentwicklung von Charterraten: NewConTex-Index, sowie BalticDry-Index (BDI).

[97] Weitere Informationen beispielsweise unter: www.schiffsfonds-schadenshilfe.de

[98] Es gibt sicherlich schon einige verbraucherfreundliche Urteile, die zu einem Rückabwicklungsanspruch führen (z. B. BGH vom 19.12.2006, Az. XI ZR 56/5 – Verletzung von Aufklärungspflichten bei Vermittlungsprovisionen).

[99] Unternehmensbeteiligung an einer GmbH & Co. KG als beschränkt haftender Gesellschafter.

Kosten und der interne Finanzierungsgrad sind in der Regel zu hoch. Darüber hinaus gibt keinen Zweitmarkt. Somit können Sie entweder gar nicht oder nur mit hohen Verlusten aus Ihrem Investment wieder aussteigen.

5.13 Oldtimer, Uhren und andere Luxusgüter

Natürlich ist es verlockend, wenn Sie Ihr Hobby als Vermögensanlage „adeln" können. Wein, Uhren, Kunst und Oldtimer sind vor allem für Männer eine interessante Beimischung beim Vermögensaufbau. Tatsächlich beschäftigen sich nicht wenige Leute professionell mit der Wertentwicklung von Luxusgütern. Einen ersten Einblick in diese Welt bietet der Luxus Investment Index von Knight Frank[100] (Abb. 25). Dort finden Sie auch die Bestätigung, dass gerade Oldtimer eine rasante Wertsteigerung in den letzten Jahren verbuchen konnten.

Entwicklung von ausgewählten Luxusgütern
- THE KNIGHT FRANK LUXURY INVESTMENT INDEX (KFLII)

	1 year	5 year	10 year
Oldtimer	+ 23%	+ 115%	+ 395%
Münzen	+ 25%	+ 93%	+ 248%
Briefmarken	+ 9%	+ 72%	+ 216%
Kunst	+ 0%	+ 92%	+ 199%
Wein	- 19%	+ 7%	+ 166%
Schmuck	+ 9%	+ 77%	+ 140%
Chinesisches Porzellan	+ 0,4%	+ 54%	+ 85%
Uhren	+ 8%	+ 27%	+ 76%
Möbel	- 9%	- 12%	- 18%
KFLII	+ 6%	+ 64%	+ 175%
Benchmarks Prime central London residential prices	10,0%	18,6%	103,5%
Gold	5,6%	200,9%	433,6%

Quelle: Knight Frank

Abbildung 25: Entwicklung von ausgewählten Luxusgütern

---

[100]Im Detail: www.knightfrankblog.com.

Jetzt macht Vermögensvorsorge wirklich Spaß, wenn man(n) dem Garagengold hinterherjagen darf. Ein paar Voraussetzungen sollten Sie allerdings mitbringen, wenn Sie in dieser Anlageklasse mitspielen wollen. Zunächst einmal brauchen Sie einen hohen Sachverstand für den nicht gerade homogenen Markt und Fachkenntnisse über das Objekt der Begierde. Bei Oldtimern können Zustand und Herkunft (am besten mit Promi-Status) einen erheblichen Preisunterschied verursachen. Darüber hinaus benötigen Sie auch ein wenig „Kleingeld" für Ihre Investitionen, da vor allem die hochpreisigen Autos der Top-Premiummarken in den letzten Jahren einen Preissprung gemacht haben. Der Mercedes 300 SL Flügeltürer ist z. B. so ein Überflieger, der im Durchschnitt für eine halbe Million Euro über den Ladentisch geht, aber auch schon mal für einen siebenstelligen Betrag auf einer Auktion gehandelt wird.

Wenn Sie weiter in die Welt der Oldtimer eintauchen wollen, dann bietet Ihnen der HAGI-TOP-Index einen Überblick über 50 Sammler-Modelle aus 18 Marken. Dazu gibt es einen Subindex für 14 Super-Porsche (HAGI-P-Index) und 12 Top-Ferraris (HAGI-F-Index). Denken Sie aber bei der Kalkulation Ihres Investments daran, dass diese Fahrzeuge auch hohe Unterhaltskosten (Reparaturen, Wartung, Versicherung, Lagerung) verursachen, die nicht unwesentlich die Rendite nach unten korrigieren.

Ein leuchtendes Beispiel für eine geniale Ferrari-Anlagestrategie ist Eric Clapton. Der Gitarrengott vergangener Jahrzehnte ist leidenschaftlicher Ferrari-Sammler. Jetzt hat er sich seinen eigenen roten Flitzer bauen lassen. Der Ferrari SP12 EC (für Eric Clapton) ist ein maßgeschneidertes 570-PS-Promi-Unikat für 3,5 Millionen Euro. Damit ist der Rockmusiker nicht nur in den Ferrari-Olymp aufgestiegen, sondern hat sich auch ein solides Investment mit Wertsteigerungsgarantie bauen lassen.

Aber ernsthaft: Widmen Sie sich dieser Anlageklasse erst dann, wenn Sie Ihre Vorsorgeplanung abgeschlossen haben. Das gilt nicht nur für Oldtimer, sondern auch für Uhren, Kunst und Wein. Wenn Sie natürlich keine Lust haben, Ihr zusätzliches Vermögen für die Erben oder das Gemeinwohl zu hinterlassen, ist die Anschaffung von Luxusgütern eine wunderbare Alternative.

Ansonsten genießen Sie einfach diesen Luxus. Ich selbst besitze ein Oldtimer-Motorrad.[101] Wenn es mal anspringt, ist es der ultimative Fahrspaß und lässt sofort alle Alltagssorgen vergessen. Ich käme aber nie auf den Gedanken, dieses Fahrzeug als Teil meiner Altersvorsorge zu betrachten. Das ist es höchstens für den Inhaber meiner Reparatur-Werkstatt.

---

[101] Ducati Scrambler, Baujahr 1974.

Fazit

Niemand kann Ihnen mit Sicherheit sagen, welches Investment das Beste für Sie ist oder wann der richtige Zeitpunkt zum Ein- oder Ausstieg ist. Es gehört immer eine gehörige Portion Glück dazu, das Richtige zu tun. Denn selbst Ikonen der Finanzbranche können sich irren. So hat sich unlängst der Milliardär und Hedgefonds-Manager John Paulson verzockt. Paulson hatte mit seinem PFR-Fonds auf ein weiteres Ansteigen des Goldpreises gesetzt. Dann wurde auch er 2013 unerwartet vom Preisrutsch des Goldes erwischt. Wie Sie sehen, kann auch der erfolgreichste Hedgefonds-Manager der Welt einmal daneben liegen. Seien Sie also vorsichtig, selbst wenn Ihnen Experten eine sichere Kaufempfehlung geben.

Es ist auch ein Irrglaube, dass sich durch wirtschaftswissenschaftliche Theorien die Wechselwirkungen der Finanzmärkte präzise abbilden lassen. So hat man jahrzehntelang Vermögensportfolios nach der Portfoliotheorie des US-Ökonomen Harry Markowitz strukturiert. Die basiert auf der Annahme, dass sich das Risiko eines Portfolios minimiert, wenn deren Anlagegüter nur wenig miteinander korrelieren. Dieser manifestartige Leitfaden vieler Vermögensverwalter hat nun einen derben Riss bekommen. In einer Zeit des billigen Geldes werden derzeit gigantische Geldmengen bewegt. So werden die realwirtschaftlichen Korrelationen außer Kraft gesetzt und die moderne Portfoliotheorie nach Markowitz hat damit ausgedient. Die Wirtschaftswissenschaftler müssen nun Ausschau nach neuen Theorien halten. Bis dahin müssen Sie die „WissensLücke" mit Ihrem gesunden Menschenverstand schließen.

Lassen Sie sich bitte nicht von der Tatsache entmutigen, dass die Finanzmärkte nicht beherrschbar sind. Beobachten Sie jedoch äußerst wachsam Ihre Vermögensanlagen und seien Sie in der Lage, flexibel auf Veränderungen reagieren zu können. Hoffentlich haben Sie dann auch den Mut diese Veränderungen umzusetzen, selbst wenn Sie Verluste realisieren müssen. Viele Anleger scheitern genau an dieser Hürde.

6 | Vermögenswerte sichern

Was man hat, möchte man nicht verlieren, so einfach ist das! Sie haben gesehen, dass der Weg in einen unbeschwerten Ruhestand lang und durchaus beschwerlich ist. Da können sie nicht einfach wieder bei null anfangen, wenn etwas passiert.

Sie sollten sich einmal bewusst machen, was Ihr Vermögen gefährden oder vernichten kann. Finden Sie anschließend heraus, ob und wie Sie sich gegen diese existenzbedrohenden Ereignisse absichern können. Zuletzt ermitteln Sie noch, was die Absicherung kostet und ob Sie sich diese leisten können oder wollen.

Es lauern viele Gefahren: Ihnen als Person kann etwas passieren (Tod, Krankheit, Berufsunfähigkeit, Scheidung) oder Ihren Vermögenswerten (Enteignung, Inflation, Insolvenz). Letztendlich können Sie sich zwar gegen viele unglückliche Ereignisse absichern, aber nicht gegen alle. Viele Selbstständige haben – aus verschiedenen Gründen – erhebliche Absicherungslücken. Es kann eine bewusste Entscheidung sein, sich nicht gegen (alle) elementaren Risiken abzusichern. Meist ist es aber Unwissenheit, die diese Lücken entstehen lässt. Woher kommt das? Es gibt zwar viele Fachleute, die Ihnen in Einzelfragen behilflich sein können, aber nur wenige sind in der Lage, Ihnen einen Gesamtüberblick über Ihre Situation zu geben. Besser ist es daher, mehrere Fachleute zu Rate zu ziehen. Ausgangspunkt ist auch hier wieder Ihr Steuerberater, der sowohl Ihren privaten als auch Ihren beruflichen Finanzbedarf kennt. Dann erst ziehen Sie den Experten zur Absicherung des jeweiligen Risikos dazu.

6.1   Absicherung durch Versicherungsschutz

Erster Ansprechpartner für die Analyse Ihrer Versorgungslücke ist sicherlich Ihr Versicherungsmakler. Er hat Sie bzw. Ihre Angehörigen für den Fall von Tod, Berufsunfähigkeit und längerfristiger Krankheit abgesichert. Nun ist es Zeit zu überprüfen, ob diese Absicherung noch ausreicht (Abb. 26). Bevor Sie aber anfangen, in Ihren Versicherungsunterlagen zu blättern, um die notwendigen Informationen zu erhalten, bitten Sie doch Ihren Versicherungsmakler um einen Status-Quo. Er soll Ihnen auf einem einzigen Blatt eine Übersicht über die derzeitige Absicherung der drei oben genannten Risiken geben. Für die Berufsunfähigkeit sollte er noch unterscheiden, wie Sie bei einer klassischen Erwerbsunfähigkeit (100 %) und bei einer 50-prozentigen Berufsunfähigkeit versichert sind. Das ist der erste Schritt eines durchaus komplexen Entscheidungsprozesses, um Ihre aktuellen Versorgungslücken zu analysieren und sie danach zu schließen.

Versorgungslückenberechnung in €

Biometrisches Risiko	Status Quo	Soll	Versorgungslücke
Todesfall	einmalig 700.000,--	einmalig 900.000,--	einmalig 200.000,--
Erwerbsunfähigkeit	mtl. 5.000,--	mtl. 5.000,--	--
Berufsunfähigkeit	mtl. 2.000,--	mtl. 5.000,--	mtl. 3.000,--
Krankheit	mtl. 4.000,-- ab 30. Krankheitstag	mtl. 5.000,-- ab 40. Krankheitstag	mtl. 1.000,--
Krankheit mit vorübergehender Schließung des Unternehmens	--	mtl. 12000,--	mtl. 12.000,--
Wer berechnet was?	Versicherungsmakler	Steuerberater	Versicherungsmakler

Abbildung 26: Berechnung Versorgungslücken

Die bestehende Absicherung ist meist längst überholt, da sie nur selten regelmäßig an die veränderte Lebenssituation angepasst wird. Da der Finanzbedarf mit dem Alter erst einmal stetig steigt (Familie, Kinder, Eigenheim), besteht die Gefahr, dass Sie nicht ausreichend versichert sind. Oftmals erfolgt auch überhaupt keine individuelle Ermittlung des Finanzbedarfs bei Krankheit, Tod oder Berufsunfähigkeit. Vielmehr beruht die Absicherung auf „pauschalierten Erfahrungswerten" des Versicherungsmaklers oder auf dem Bauchgefühl des Versicherten, wie viel er für den Versicherungsschutz ausgeben will. Das führt zu falschen Ergebnissen. Beginnen Sie auf jeden Fall den oben beschriebenen Entscheidungsprozess. Es steht zu viel auf dem Spiel.

6.2 Längerfristige Krankheit – wie viel Absicherung ist wirklich notwendig?

Die finanziellen Auswirkungen einer längerfristigen Krankheit werden durch eine Krankentagegeld-Versicherung abgesichert. Somit muss der Selbstständige in dieser Zeit nicht auf seine Ersparnisse zurückgreifen. Die Vermögenssubstanz bleibt unangetastet und kann weiterhin zum Aufbau der Altersvorsorge verwendet werden. Üblich ist der Abschluss einer Krankentagegeld-Versicherung, die ab dem 30. oder 40. Krankheitstag Leistungen zahlt. Üben Sie Ihre Selbstständigkeit mit mehreren Partnern aus, sollten Sie den Leistungsbezug der Krankentagegeldversicherung mit dem Entnahmerecht im Gesellschaftsvertrag koppeln. Falls die liquiden Reserven des Unternehmens groß genug sind, können Sie auch das Entnahmerecht bei Krankheit über den 40. Krankheitstag hinaus vereinbaren. Das spart Versicherungsprämien.

Sind Sie der einzige Leistungserbringer in Ihrem Unternehmen (z. B. Inhaber einer ärztlichen Einzelpraxis), dann sollten Sie zusätzlich über den Abschluss einer Praxisausfallversicherung nachdenken. Falls Sie nämlich krankheitsbedingt Ihr Unternehmen vorübergehend schließen müssen, dann werden die laufenden Betriebskosten durch die Versicherungsleistungen gedeckt. Die Prämienzahlungen sind zwar nicht als Betriebsausgabe abzugsfähig, dafür müssen die Zahlungen im Leistungsfall auch nicht versteuert werden.

6.3 Berufsunfähig oder erwerbsunfähig? – Sie sollten den Unterschied kennen

Die Berufsunfähigkeitsversicherung sollte sich nahtlos (!) an die Krankentagegeld-Versicherung anschließen. Das ist dann der Fall, wenn aus einer vorübergehenden Krankheit eine dauerhafte Beeinträchtigung der Arbeitsfähigkeit des Selbstständigen wird. Genau an dieser Stelle haben viele Selbstständige eine riesige Versorgungslücke. Eine Lücke, die im schlimmsten Fall Ihre gesamten Ersparnisse aufbrauchen kann. Überprüfen Sie bitte sehr sorgfältig, dass Sie auch für alle Arten von Berufsunfähigkeit abgesichert sind. Darüber hinaus sollte Ihre Versicherung auch rückwirkend ab Beginn der Berufsunfähigkeit zahlen und nicht erst, wenn diese aus Sicht der Versicherung unzweifelhaft festgestellt ist. Das kann nämlich eine sehr lange Zeit in Anspruch nehmen.

Die meisten Selbstständigen sind für den Fall einer klassischen Erwerbsunfähigkeit versichert. Erwerbsunfähigkeit tritt ein, wenn Sie nicht nur die erlernte oder bisher ausgeübte Tätigkeit nicht mehr ausüben können, sondern wenn Sie überhaupt nicht mehr arbeiten können. Erst wenn Sie nicht mehr in der Lage sind, drei Stunden täglich zu arbeiten – unabhängig davon, um welche Arbeit es sich handelt – , sind Sie tatsächlich voll erwerbsunfähig. Deswegen tritt dieser Fall sehr selten ein und muss oftmals gerichtlich erstritten werden.

Sinnvoll ist es also, sich auch gegen eine Berufsunfähigkeit abzusichern. Das ist wesentlich teurer, weil diese logischerweise viel häufiger eintritt. Deswegen wird an dieser Absicherung oftmals gespart. Berufsunfähig sind Sie dann, wenn Sie Ihren derzeitigen Beruf auf Grund einer Krankheit, eines Unfalls oder von Invalidität aufgeben müssen. Das ist dann der Fall, wenn Sie laut ärztlicher Prognose für einen gewissen Zeitraum nicht in der Lage sind, Ihren Beruf zu 50 % auszuüben. In den meisten Verträgen ist ein Prognose-Zeitraum von sechs Monaten fixiert.[102]

Die größte Hürde für Selbstständige zur Anerkennung ihrer Berufsunfähigkeit ist jedoch die sog. Umstrukturierungsklausel.[103] Danach kann der Versicherer die Leistung verweigern, wenn der Selbstständige sein Unternehmen nicht so (zumutbar) umorganisiert, dass er auch eine andere Tätigkeit ausüben kann. Damit wird dem Versicherer sehr viel Spielraum gegeben, den vertragskonformen Leistungsfall nicht anzuerkennen. Jedem Selbstständigen ist demnach anzuraten, alternative Absicherungen zu prüfen.

Falls Sie alle Hürden zur Auszahlung Ihrer Berufsunfähigkeitsrente erfolgreich genommen haben, müssen Sie die Zuflüsse auch noch mit dem Fiskus teilen, denn Leistungen aus einer privaten Rentenversicherung sind mit dem Ertragsanteil zu versteuern. Der Ertragsanteil richtet sich nach der Rentenlaufzeit und nach dem Alter bei Renteneintritt.

---

[102]In einigen Versicherungsverträgen ist ein Prognose-Zeitraum von bis zu drei Jahren vereinbart.

[103]Nur ganz wenige Verträge schließen die Umorganisation aus. Diese sind dann sehr teuer und gelten nur für wenige Berufe.

6.4 Grundfähigkeitsversicherung

Eine denkbare Alternative oder Ergänzung zur oben beschriebenen Berufsunfähigkeitsversicherung ist die Grundfähigkeitsversicherung. Der Versicherer zahlt dann eine Rente, wenn eine zentrale Grundfähigkeit oder drei weniger zentrale Grundfähigkeiten[104] über einen Zeitraum von einem Jahr in einem bestimmten Maße eingeschränkt oder gar nicht mehr vorhanden sind. Der Vorteil der Grundfähigkeitsversicherung liegt in der relativ einfachen Beweisbarkeit der Voraussetzungen. Außerdem gibt es bei dieser Versicherung auch keine Umstrukturierungsklausel. Hinzu kommt, dass die Grundfähigkeitsversicherung preiswert ist. Ein großer Nachteil besteht sicherlich darin, dass gesundheitliche Folgen auf Grund von psychischen Erkrankungen[105] überhaupt nicht abgesichert sind.

6.5 Dread-Disease-Versicherung

Die Dread-Disease-Versicherung ist erst seit 1993 am deutschen Markt zugelassen und wird nur von wenigen Versicherungen angeboten. Im Gegensatz zur klassischen Berufsunfähigkeitsversicherung werden nicht die Folgen einer Krankheit abgesichert, sondern bestimmte Krankheiten selbst (z. B. Krebs, Multiple Sklerose, Parkinson, Herzinfarkt, Schlaganfall). Demzufolge ist auch die Prüfung des Leistungsfalls wesentlich einfacher als bei der Berufsunfähigkeitsversicherung. Sobald der Arzt ein bestimmtes Krankheitsbild diagnostiziert, sind die Voraussetzungen für den Leistungsfall gegeben. Eine Beeinträchtigung der Arbeitsfähigkeit muss nicht vorliegen. Im Leistungsfall kommt es zur Auszahlung einer Einmalzahlung. Rentenzahlungen sind nicht vorgesehen.

Der Nachteil der Dread-Disease-Versicherung liegt darin, dass nur eine begrenzte Anzahl von Krankheitsbildern versichert ist. Außerdem ist die Dread-Disease-Versicherung relativ teuer, da auch die Wahrscheinlichkeit des Eintrittes einer Leistung relativ groß ist.

---

[104]Zentrale Grundfähigkeiten sind Sehen, Sprechen, Hände gebrauchen und Orientierung haben; weniger zentrale Fähigkeiten sind Sitzen, Stehen, Autofahren oder Greifen.

[105]Psychische Erkrankungen sind gem. der Zeitreihenstatistik der deutschen Rentenversicherung die häufigste Ursache (38 % aller Erkrankungen) einer Berufsunfähigkeit.

6.6 Risikolebensversicherung

Mit der Risikolebensversicherung sollten Sie nicht geizen, denn sie ist vergleichsweise preiswert. Sie sollten diese – wie auch die Berufsunfähigkeitsversicherung – schon in jungen Jahren abschließen. Je jünger und gesünder Sie sind, desto günstiger wird es. Ziel ist es, die Hinterbliebenen abzusichern. Insbesondere wenn das Leben des einzigen Erwerbstätigen abgesichert wird, muss die finanzielle Vorsorge für die Hinterbliebenen mit Auszahlung der Risikolebensversicherung abgeschlossen sein. Zunächst sollten Sie noch bestehende Darlehensverbindlichkeiten mit der Auszahlungssumme abdecken können. Der dann verbleibende Kapitalstock muss die finanzielle Existenz der Hinterbliebenen sicherstellen. Je mehr laufende Einkünfte (aus Kapitalvermögen, Hinterbliebenenrente, Mieteinnahmen) vorhanden sind, desto geringer muss dabei der verbleibende Kapitalstock sein.

Denken Sie bei der Planung auch hier an den Fiskus. Er ist Ihr ständiger Wegbegleiter, auch über den Tod hinaus. Die Auszahlung unterliegt nämlich der Erbschaftsteuer. Bei Verheirateten und Kindern sind oftmals die Freibeträge ausreichend.[106] Bei nicht verheirateten Paaren kann es jedoch zu einer erheblichen Steuerlast kommen. Sie vermeiden eine Belastung mit Erbschaftsteuer, wenn der Bezugsberechtigte auch der Versicherungsnehmer ist und den Todesfall des Partners absichert. Dabei ist jedoch zwingend Voraussetzung, dass der Versicherungsnehmer auch selbst die Prämien bezahlt.

6.7 Absicherungen durch sonstige privatrechtliche Vereinbarungen

Eine Scheidung kann richtig teuer werden. Insbesondere dann, wenn Sie keine Vorkehrungen (Ehevertrag) getroffen haben und sich das Ganze zu einem wahren Rosenkrieg ausweitet. Ich habe in meinem ansonsten beschaulichen Leben als Steuerberater schon zu viele dieser Dramen miterlebt. Eine gütliche Einigung ist dabei der seltene Einzelfall. In der Regel eskaliert die Auseinandersetzung und die Vernichtung des Vermögens beginnt, bevor es geteilt wird. Treffen Sie also unbedingt klare Regelungen[107] über die Teilung Ihres Vermögens, Ihrer Versorgungsan-

---

[106]Ehegatte: 500.000 Euro; Kind: 400.000 Euro.

[107]In einigen Gesellschaftsverträgen wird der Abschluss eines Ehevertrags mit Ausschluss der Gesellschaftsanteile vom Zugewinn bei Scheidung vorgeschrieben. Solche Klauseln sind sicherlich juristisch nicht durchsetzbar. Sie unterstreichen jedoch zumindest die Bedeutung einer solchen Vereinbarung.

sprüche und den Unterhalt, solange Sie sich lieben. Sie dürfen sich dann trotzdem ein Leben lang lieben. Leider zeigt die Realität, dass es nicht alle schaffen.

Bei Selbstständigen ist die modifizierte Zugewinngemeinschaft die gebräuchlichste Form des Ehevertrags. Es ist eine Art feinchirurgischer Eingriff, in der lediglich ein oder mehrere Vermögenswerte vom Zugewinnausgleich ausgeschlossen werden. Ansonsten bleibt es bei den gesetzlichen Regelungen.

Jeder Ehevertrag sollte ausgewogen sein. Das bedeutet, dass auch der nicht im Unternehmen arbeitende Partner einen Vermögenswert aus dem „gemeinsamen Topf" nehmen darf. Dafür bietet sich das Eigenheim an, sofern vorhanden. Das ist in der Regel – aus steuerlichen Gründen[108] – schnell entschuldet und stellt daher einen relevanten Vermögenswert dar.

Wenn Sie schon beim Thema sind, denken Sie auch darüber nach, ob im Scheidungsfall auch Ihre Altersvorsorge halbiert werden soll. Mit den Versorgungsansprüchen sind sowohl gesetzliche Rentenansprüche, als auch Ansprüche aus einem Versorgungswerk gemeint. Sie sollten sich zumindest bewusst sein, dass auch diese Vermögenswerte bei einer Scheidung aufgeteilt werden. Eine Alternative ist, dass jeder Ehepartner eigenständig seine Altersvorsorge aufbaut.

6.8 Erbvertrag oder Testament

Auch im Todesfall sollte für den überlebenden Ehegatten der Lebensabend gesichert sein. Grundlage dafür ist neben der versicherungstechnischen Absicherung ein Testament oder ein Erbvertrag.[109] Meist wird mit dem Ehevertrag gleichzeitig auch ein Erbvertrag erstellt und beurkundet. Natürlich müssen Sie Ihren letzten Willen nicht notariell beurkunden lassen. Es ist aber durchaus sinnvoll, wenn Sie sich sicher sind, dass es wirklich Ihr letzter Wille ist. Mit der notariellen Beurkundung ersparen Sie sich darüber hinaus auch den Erbschein.

Die meisten Deutschen wählen das sog. Berliner Testament, wenn es um ihren letzten Willen geht. Dabei setzen sich die Ehepartner gegenseitig als Erben ein. Erst mit dem Tod des überlebenden Ehegatten sollen die Kinder von dem

---

[108] Die Zinsen zur Finanzierung des Eigenheims können nicht steuermindernd in Abzug gebracht werden.

[109] Das Testament ist eine einseitige Willenserklärung, die jederzeit wieder abänderbar ist; der Erbvertrag kann nur im beiderseitigen Einvernehmen geändert oder aufgehoben werden.

Vermögen der Eltern profitieren. Achten Sie bei der Formulierung Ihres Testaments darauf, dass Ihnen im ersten Erbgang nicht die Freibeträge des Erstversterbenden verloren gehen. Mit Hilfe eines Vermächtnisses[110] für Ihre Kinder in Höhe der erbschaftsteuerrechtlichen Freibeträge können diese genutzt werden.

6.9 Absicherung durch Vermögenswerte im Ausland

Die Bundesrepublik Deutschland ist derzeit ein sehr stabiles Land. Eine Staatspleite erscheint sehr unwahrscheinlich. Dafür ist der Euroraum eine fragile Gemeinschaft, in der wir längst auch für die Schulden unserer Nachbarn haften. Im Moment scheint Ruhe eingekehrt zu sein. Da jedoch die strukturellen und finanziellen Probleme der Europäischen Gemeinschaft bis heute nicht gelöst sind, muss man beim Thema Absicherung auch ein Zerbrechen der Euro-Zone ins Kalkül einbeziehen. Da ist es grundsätzlich eine Überlegung wert, ob ein Teil des Vermögens außerhalb der Euro-Zone angelegt werden soll.

Spielen Sie neben der Staatspleite auch die Pleite des eigenen Unternehmens gedanklich durch. Denn Ihr Unternehmen stellt immer ein Risikokapital dar, egal in welcher Branche Sie tätig sind. Hinzu kommt, dass sich Unternehmens- und Privatvermögen oftmals nicht sauber trennen lassen. Eine Unternehmensinsolvenz bedeutet deswegen auch meist den Verlust des kompletten Privatvermögens. Damit zerstören Sie gleichzeitig Ihre Altersvorsorge. Der finanzielle Super-Gau ist somit perfekt.

Als Lösung für beide Szenarien wurde jahrzehntelang die Schweiz als sicherer Hafen angesehen. Die Schweiz befindet sich nicht weit weg von der Heimat, aber schon außerhalb der Euro-Zone. Sie hat eine stabile Regierung, eine stabile Währung und natürlich viele als verschwiegen angesehene Banken. Viele deutsche Unternehmer haben in der Vergangenheit in diesem Paradies ihren „Notgroschen" versteckt. Die hohe Anzahl der Selbstanzeigen in der jüngsten Vergangenheit macht deutlich, dass es tatsächlich ein Massenphänomen war. Ein Phänomen der flächendeckenden Steuerunehrlichkeit, zumindest unter den Wohlhabenden. An dieser Stelle zeigt sich wieder einmal deutlich, dass

---

[110]Die Erfüllung des Vermächtnisses kann für eine bestimmte Zeit ausgesetzt werden, um den Vermögensabgang zu verzögern.

Angst und Gier schlechte Ratgeber sind. Es zeigt aber auch, dass eine illegale Handlung nicht deswegen rechtens wird, nur weil sie viele andere auch tun – sie „fühlt" sich nur so an. So erklärt sich auch das Handeln prominenter Steuersünder, wie z. B. Alice Schwarzer. Zweifelsohne hat sie sicherlich ein hohes Gerechtigkeitsempfinden. Zweifelsohne hat sie auch viel für die Gesellschaft getan. Trotzdem bleiben solche Handlungen Unrecht, auch wenn ein kollektives Unrechtsbewusstsein an dieser Stelle fehlt. Deswegen ist es auch nur konsequent, wenn ab einer Million Euro hinterzogener Steuern eine Haftstrafe angeordnet wird. Denn selbst eine hohe Geldstrafe ist nicht abschreckend genug.

Die berechtigte Frage ist nun: Gibt es andere Wege zur Absicherung Ihres „Notgroschens", bei dem Sie den Pfad der Tugend nicht verlassen müssen? Eine Alternative kann die Liechtensteiner Versicherung darstellen.

6.10 Die Liechtensteiner Lebensversicherung – Kreieren Sie Ihre eigene Lebensversicherung!

Die klassische Lebensversicherung hat ausgedient. Das gilt nicht für die individuell gestaltete Lebensversicherung. Mit dem Aufbau einer individualisierten Lebensversicherung können Sie Ihr Vermögen vor den Folgen einer Insolvenz schützen, steueroptimiert Geld ansparen und Ihren Nachlass planen. Sie haben einen besseren Zugriff auf Ihr angespartes Vermögen als bei der klassischen Lebensversicherung und weniger Kosten.[111]

Angeboten werden solche Versicherungen vorrangig in Liechtenstein, da deutsche Versicherer diese Art der individuellen Gestaltung nicht vertreiben. Die Versicherung ist jedoch eine nach deutschem Recht strukturierte Lebensversicherung, um die in Deutschland vorhandenen Steuerprivilegien[112] nicht zu verlieren. Die Ansparung erfolgt in der Regel durch Einmalzahlung bei Versicherungsbeginn. Die Versicherer gehen dabei von einem Mindestansparbetrag in Höhe von 300.000 Euro aus. Die Anlagestrategie und die Anlageform sind

---

[111] Die Versicherung verlangt in der Regel eine Einmalprovision von 1 % - 3 % des angelegten Vermögens und eine jährliche Vergütung von 0,5 % des Vermögens. Wird zusätzlich eine Vermögensverwaltung installiert, entstehen dadurch jährliche Gebühren von ca. 0,5 % des Vermögens.

[112] Lediglich 50-prozentige Besteuerung der darin enthaltenen Erträge, bei einer Mindestlaufzeit von zwölf Jahren und nach Vollendung des 62. Lebensjahres.

frei wählbar. Sie können für Ihren Vermögensstock[113] beispielsweise aktiv oder passiv gemanagte Fonds auswählen oder ein individuell vermögensverwaltendes Depot vereinbaren. Bei letzteren können Sie vorab festlegen, bei welcher Bank das Depot geführt wird, welche Anlagestrategie zu verfolgen ist und welcher Vermögensverwalter das Depot verwaltet.[114]

Um Ihre Lebensversicherung insolvenzsicher[115] zu machen, müssen Sie ein unwiderrufliches Bezugsrecht zugunsten einer dritten Person[116] vereinbaren. Nach Ablauf von vier Jahren[117] kann diese Zuwendung dann nicht mehr vom Insolvenzverwalter angefochten werden. Somit haben Sie ganz legal für Ihre Familie das dort gebundene Vermögen vor den Folgen einer privaten Insolvenz gesichert. Entscheidend ist, dass der Bezugsberechtigte auch Bestandteil Ihrer Familie ist und bleibt.

Natürlich kann der Versicherte – mit Zustimmung des Bezugsberechtigten – jederzeit Teilrückzahlungen vornehmen. Erfolgen diese auf das Konto des Bezugsberechtigten, dann löst das einen schenkungsteuerrechtlichen Vorgang aus. Die reine Einzahlung in die Versicherung hat jedoch für den Begünstigten noch keine Relevanz. Somit können Übertragungen auf die Ehefrau auch dann noch ohne Schenkungsteuerbelastung vorgenommen werden, wenn die Freibeträge schon ausgeschöpft sind.

Ein weiterer Vorteil besteht darin, dass für die im Depot anfallenden Erträge keine Abgeltungsteuer anfällt. Erst wenn diese Erträge den „Versicherungsmantel" verlassen, unterliegen sie der Abgeltungsteuer. Um die Laufzeit der Versicherung möglichst lang zu gestalten, wird in der Regel der Todesfall des Kindes abgesichert. Das verursacht auch die geringsten Kosten für die Todesfallabsicherung.

---

[113]Der Vermögensstock ist separiert vom Vermögen der Versicherung. Somit ist das Vermögen auch vor einer Insolvenz des Versicherers geschützt.

[114]Vertragspartner für das Depot und den Verwaltervertrag ist jedoch die Versicherung.

[115]Das Fürstentum Liechtenstein ist dem Luganer Übereinkommen über die Anerkennung von Vollstreckungen in Zivil- und Handelssachen nicht beigetreten. Dies erschwert unmittelbares grenzüberschreitendes Tätigwerden von Insolvenzverwaltern. Trotzdem sollten Sie Ihre Absicherungsstrategie nicht auf diesen Tatbestand aufbauen.

[116]In der Regel die Ehefrau oder die Kinder.

[117]Im Detail: BGH, Urteil vom 27.09.2012 – IX ZR 15/12; § 134 InsO.

Diese „Ummantelung" eines Teils Ihrer Vermögenswerte durch eine Lebensversicherung erscheint auf den ersten Blick etwas kompliziert. Sie bietet jedoch eine saubere Lösung für eine insolvenzrechtliche Absicherung. Darüber hinaus erhalten Sie erhebliche Steuerprivilegien bei einer moderaten Kostenstruktur.

Fazit

Gerade hier zeigt sich, wie komplex und aufwendig eine strukturierte Steuerung, Überwachung und Verwaltung Ihrer Vermögenswerte und Absicherungsinstrumente ist. Insbesondere wenn die Vermögenswerte generationenübergreifend gesichert werden sollen. Da drängt sich die Frage auf, wer das alles bewältigen soll. Dem Selbstständigen fehlt es in der Regel schon an der Zeit, da er sich mit vollem Einsatz seinem Unternehmen widmet. Einige Unternehmerfamilien haben für diese Aufgabe ein eigenes Family Office eingerichtet. Mit dieser hauseigenen und vor allem unabhängigen Organisation werden alle Privatangelegenheiten der Familie wie ein Unternehmen geführt. Diese Idee ist relativ neu und hat sich erst seit den 1990er Jahren in Deutschland etabliert. Ein Family Office zu unterhalten ist sehr kostspielig, auch wenn es von mehreren Familien[118] gleichzeitig genutzt wird. Deswegen haben auch einige Vermögensverwalter ihr Dienstleistungsspektrum in Richtung Family Office erweitert. Auch einige innovative Steuerberater bieten zusätzliche Dienstleistungen (private Buchhaltung, Controlling privater Vermögenswerte, strategische Beratung, Koordination der unterschiedlichen Fachleute) an, um den Unternehmer in der Privatsphäre zu entlasten.

Egal, wem Sie sich anvertrauen, die handelnden Personen müssen auf jeden Fall unabhängig sein. Damit scheiden Finanzdienstleister und Banken[119] aus, die an den Produktempfehlungen verdienen. Darüber hinaus müssen die Verantwortlichen Einblick in Ihre komplette Finanz- und Familiensituation bekommen dürfen.

---

[118]Es gibt sog. Single Family Offices und Multi Family Offices, je nachdem, wie viele Familien sich diese Organisationsstruktur teilen.

[119]Einen lobenswert neuen Weg geht z. B. die Quirin Bank AG mit Sitz in Berlin; im Detail: Die neuen Gesetze der Bankberatung; Unternehmensgrundsätze der Quirin Bank AG.

Letztendlich müssen sie auch in der Lage sein, interdisziplinär zu agieren, um die unterschiedlichen Fachleute sinnvoll zu koordinieren. Nicht viele Personen erfüllen diese Kriterien. Wählen Sie diese sorgsam aus, es lohnt sich!

7 | Den Nachlass regeln – Ruhestandsplanung für die nächste Generation

Was bleibt am Ende übrig? Sie wissen es nicht und das macht es besonders schwierig. *Erbschaftsteuer sparen ist wichtig, die Versorgung des Erblassers ist aber wichtiger.* Deswegen müssen Sie bei Übertragungen zu Lebzeiten besonders vorsichtig sein.

Gratulation! Ihre Ruhestandsplanung war so erfolgreich, dass auch noch für die nächste Generation etwas übrig bleibt. Es wird sich aber noch zeigen, ob dieses generationenübergreifende Vermögen wirklich ein Segen ist. Die Tragik ist vielmehr, dass es in nicht wenigen Fällen zum Fluch geworden ist oder zumindest zu nicht überwindbaren Streitigkeiten unter den Familienmitgliedern geführt hat. Denn mit der Erbauseinandersetzung werden regelmäßig auch noch einmal alle „gefühlten" Ungerechtigkeiten in der Familiensaga aufgearbeitet. Mit dieser letzten Abrechnung soll dann auch endlich Gerechtigkeit erfolgen. Ein Wunsch, der sich mit Sicherheit nicht erfüllt.

Nicht selten beginnt der Streit um das Erbe aber schon vor dem Tod des geliebten Familienmitglieds. Ich wurde nicht nur einmal gefragt, ob man seinen Pflichtteilsanspruch nicht schon zu Lebzeiten geltend machen kann – insbesondere, wenn der zukünftige Erblasser das ganze Geld sowieso nicht benötigt. Solche Begehrlichkeiten sind unverschämt und taktlos. Enterben oder sein Vermögen anderweitig verwenden, wäre die konsequente Antwort darauf.

Natürlich gibt es eine gesetzliche und eine individuell festgelegte Erbfolge. Aber niemand hat einen Anspruch darauf, etwas vererbt zu bekommen. Ihre Kinder haben einen Anspruch auf eine möglichst sorgenfreie Kindheit, eine solide Ausbildung und die Vermittlung von Werten, die sie zu „guten" Menschen werden lässt. Dann müssen sie ihr Leben selbst in die Hand nehmen. Natürlich wird sie Ihre Fürsorge ein Leben lang begleiten. Aber Sie müssen nicht noch die Altersvorsorge für Ihre Kinder in die Hand nehmen. Lassen Sie Ihre Kinder selbst dafür arbeiten. Dann werden sie auch schätzen, was Sie sich selbst hart erarbeitet haben.

Regeln Sie auf jeden Fall rechtzeitig Ihren Nachlass. Je älter Sie sind, desto schwerer wird Ihnen die Nachfolgeplanung fallen. Ich erinnere mich, wie mein damals 80-jähriger Großvater verzweifelt beim Notar saß, weil er sein eigenes Testament in letzter Konsequenz nicht verstanden hatte. Es ist einfach eine komplexe Angelegenheit, die bei klarem Bewusstsein und mit ausreichend Zeit geregelt werden sollte. Denken Sie also in Ruhe nach, wie Sie Ihre „überflüssigen" Groschen verwenden wollen. Sie können diese noch schnell selber ausgeben, Ihren „Lieben" vermachen, etwas für das Gemeinwohl tun oder alles miteinander kombinieren.

7.1 Die Stiftung – eine Alternative nicht nur für Unternehmerdynastien

Stiftungen sind nicht nur etwas für Millionäre. Das durchschnittliche Stiftungs-kapital aller Stiftungen in Deutschland beträgt nur 250.000 Euro.[120] So viel sollte es aber schon sein, damit Ihre Stiftung sinnvoll arbeiten kann. Die überwiegende Anzahl der derzeit 15.000 rechtsfähigen Stiftungen in Deutschland ist gemeinnüt-zig. Sie fördern beispielsweise die Bildung, die Umwelt, die Kunst oder das Wohl-fahrtswesen. Genau diese Form der Stiftung kann Ihnen als zusätzlicher Baustein einer generationenübergreifenden Altersvorsorge dienen. Ausgangspunkt ist aber immer das gemeinnützige Motiv, welches Sie mit einer Stiftung wesentlich nach-haltiger fördern können als durch reines Spenden. Der gemeinnützige Stiftungs-zweck wird dann verknüpft mit erheblichen steuerlichen Vergünstigungen[121] und einer angemessenen Versorgung des Stifters und seiner Familie.

Die Zuwendungen des Stifters zur Gründung einer Stiftung sind bis zu einem Betrag von einer Million Euro[122] als Sonderausgaben abzugsfähig. Dieses groß-zügige Steuergeschenk hat jedoch zur Folge, dass dieses sog. Grundstockvermö-gen ausschließlich für die gemeinnützigen Zwecke verwendet werden darf und das Vermögen auch nach Auflösung solchen Zwecken zugeführt werden muss.

Aus steuerlicher Sicht besteht jedoch die Möglichkeit, dass bis zu ein Drittel des Stiftungseinkommens für eine angemessene Versorgung des Stifters und seiner Angehörigen verwendet werden kann. Des Weiteren können Vermö-gensübertragungen[123] mit Versorgungsauflagen (z. B. Nießbrauchsvorbehalt) und Rentenverpflichtungen zugunsten des Stifters und seiner Angehörigen versehen werden. Diese sind nicht in die Drittelregelung mit einzubeziehen.[124]

---

[120]Es gibt keine gesetzliche Mindestkapitalausstattung für eine Stiftung, zweckmäßig sind aber mindestens 50.000 Euro. Die Stiftung muss mit ertragsbringendem Vermögen ausgestattet wer-den, da das Stiftungsvermögen auf Dauer erhalten bleiben soll.

[121]Beispielsweise sind Vermögensübertragungen erbschafts- und schenkungssteuerfrei, auch rückwirkend innerhalb von zwei Jahren nach Erbfall/Schenkung.

[122]Bei Ehegatten: 2 Millionen Euro; der Höchstbetrag steht alle zehn Jahre zur Verfügung. Darü-ber hinaus kann der „normale" Spendenabzug geltend gemacht werden.

[123]Die Auflagen schmälern natürlich den Wert der steuerbegünstigten Übertragung!

[124]Strittig! Im Detail: *Götz, Hellmut/Pach-Hassenheimb, Ferdinand*, Handbuch der Stiftung, Herne 2014, S. 230.

Somit können Sie mit der Stiftung sowohl dem Allgemeinwohl dienen, als auch dem Versorgungsgedanken Ihrer Familie gerecht werden. Bedenken Sie jedoch, dass für die Errichtung und die laufende Verwaltung[125] der Stiftung auch Kosten verbunden sind.

7.2   Die gemeinnützige GmbH

Eine Alternative zur Stiftung ist die gemeinnützige GmbH. Bei dieser Variante entfällt naturgemäß die Stiftungsaufsicht. Darüber hinaus muss die gemeinnützige GmbH nicht notwendigerweise mit ertragsbringendem Vermögen ausgestattet werden. Es entfallen jedoch die steuerbegünstigten Regelungen bei der Bildung des Grundstockvermögens. Dafür kann auf die allgemeinen Steuervergünstigungen des Spendenabzugs zurückgegriffen werden. Die gemeinnützige GmbH kennt auch nicht den Versorgungsgedanken, wie er bei der Stiftung durch die „Drittel-Regelung" verankert ist.

Eine GmbH darf durchaus im Non-Profit-Bereich tätig sein und somit ideelle Zwecke verfolgen. Der Unterschied zur klassischen GmbH besteht darin, dass keine gewerblichen, sondern gemeinnützige, mildtätige oder kirchliche Zwecke i. S. der §§ 52 ff. AO von der Gesellschaft verfolgt werden und gem. § 55 Abs. 1 Nr. 4 AO das Gesellschaftsvermögen nur für begünstigte Zwecke verwendet werden darf.

Auf die gemeinnützige GmbH sind grundsätzlich die allgemeinen Regeln des GmbH-Rechts anzuwenden. Lediglich in der Satzung muss geregelt sein, dass den Gesellschaftern keine Dividenden zufließen dürfen. Im Liquidationsfall steht den Gesellschaftern auch nur das eingezahlte Kapital[126] zu. Im Gegensatz zur Stiftung hat die GmbH jedoch Eigentümer und gehört sich nicht selbst.

Erhält eine gemeinnützige GmbH Zuwendungen in Form von Erbschaften, Vermächtnissen oder Schenkungen, so sind diese von der Erbschafts- und Schenkungsteuer befreit (§§ 13 Nr. 16b, 17 ErbStG).

Jetzt haben Sie zwei Alternativen, um durch zielgerichtete Zuwendungen für das Allgemeinwohl steuerbegünstigtes Vermögen über mehrere Generationen zu bilden.

---

[125]Die Stiftung unterliegt der Stiftungsaufsicht und der „Gemeinnützigkeitskontrolle" des Finanzamts.

[126]Deswegen besteht grundsätzlich auch kein Spendenabzug für das Stammkapital.

Ein guter Rat zum Schluss

Altersvorsorgeplanung macht dann Spaß, wenn sie funktioniert. Dieses Gefühl kann schon mit dem ersten Kassensturz eintreten. Wenn sich ein solider Kapitalstock gebildet hat und auch die aktuelle Sparquote stimmt, dann sind Sie auf dem richtigen Weg. Fangen Sie darüber hinaus noch rechtzeitig an, können Sie sich auch mal Phasen leisten, in denen Sie weniger ansparen und mehr konsumieren. Zu Recht haben Sie dann ein Gefühl finanzieller Freiheit. Dieses Gefühl bedeutet letztendlich ein hohes Maß an Lebensqualität.

Ein ganz besonderer Moment ist es auch, wenn Sie Ihr Vorsorgeziel erreicht haben, aber noch Spaß an Ihrer Arbeit haben. Sie wissen jetzt, dass Sie jederzeit die Arbeit beenden können, wenn Ihnen danach ist. Das ist ein beneidenswerter Zustand, für den sich die „Spardisziplin" lohnt.

Leider erreichen immer weniger Deutsche diesen „Glückszustand". Schuld daran ist ein kollektives Versagen aller Akteure. Zunächst sind wir aber selber schuld. Wir halten an einem Wohlstand fest, den wir uns so nicht leisten können. Denn Sparen gehört nicht mehr zu unseren Tugenden, auch wenn wir im internationalen Vergleich noch eine hohe Sparquote haben. Das Gleiche gilt für den Staat, der sich noch für eine lange Zeit zulasten der Sparer entschulden wird. Den Rest erledigen die Finanzvertriebe, die sich über viel zu hohe Gebühren an unserer zukünftigen Altersvorsorge bereichern. Auch da hätte der Staat regulierend eingreifen müssen.

Also müssen wir umdenken, damit der Wohlstand auch wirklich bis zum Lebensende reicht!

8 | Zusammenfassung

Ruhestandsplanung

Die Deutschen **leben** statistisch **10 Jahre länger** als noch in den 70er Jahren. Fast eine Dekade zusätzlicher Ruhestand muss aber erst einmal finanziert werden. Im Ruhestand sinkeln die Ausgaben nur um maximal ein Drittel. Das gilt aber nur, solange Sie gesund bleiben. Pflegekosten können Ihren Finanzbedarf explodieren lassen.

Wir leben in einer Zeit **negativer Realzinsen**. Das bedeutet nicht anderes, als dass sich der Staat auf Kosten der fleißigen Sparer entschuldet.

Planen Sie den **Kaufkraft-Verlust** in Ihre Altersversorgung mit ein. Bei einer Inflationsrate von jährlich 3 % sind 100 Euro in 30 Jahren nicht einmal die Hälfte wert.

In Ihrem Erwerbsleben müssen Sie ungefähr **1,5 Millionen Euro** für den Ruhestand **ansparen**. Sonst setzen Sie Ihren gewohnten Lebensstandard auf´s Spiel.

Beginnen Sie rechtzeitig für Ihren Ruhestand zu sparen. Am besten gleich zu Beginn Ihrer Selbstständigkeit.

Entschulden Sie sich zügig und nehmen Sie niemals Konsumkredite auf.

Ab Mitte 50 haben Sie die höchste Sparquote, außer Sie lassen sich scheiden und Ihre Kinder wohnen noch immer bei Ihnen.

Der Unternehmensverkauf schließt die letzte Lücke in Ihrem Vorsorgeplan. Planen Sie daher rechtzeitig Ihren Ausstieg.

Ihr persönlicher Vorsorge-Fahrplan

Ihr Alters-Vorsorgeplan ist immer Teil einer Gesamtplanung. Sie beginnen mit einer klassischen Vermögensplanung. Daran schließt sich die Alters-Vorsorgeplanung an. Nach der Absicherung Ihrer biometrischen Risiken, erfolgt zum Abschluss die Generationenplanung.

Machen Sie **Kassensturz**, Stellen Sie Ihr **Vermögen** den aktuellen **Schulden** gegenüber, um Ihr Reinvermögen zu ermitteln.

Ermitteln Sie, wie viel Sie für **Konsum, Sparen und Risikoabsicherung** aktuell ausgeben.

Auf Grundlage der aktuellen Sparquote, Ihres derzeitigen Reinvermögens und den verbleibenden Erwerbsjahren können Sie Ihre Altersvorsorge planen.

Die private Finanzbuchhaltung hilft Ihnen, zeitnah den Überblick zu bekommen.

Private Rentensparsysteme

Die **klassische Kapitallebensversicherung** ist ein **Auslaufmodell**. Sie sollten überprüfen, ob es Sinn macht bestehende Verträge zu kündigen.

Die private Rentenversicherung zahlt sich erst dann aus, wenn Sie fast 100 Jahre alt werden.

Berufsständische Versorgungswerke garantieren bisher solide Rentenbezüge. Anhaltende negative Realzinsen und eine zukünftig sinkende Zahl von Beitragszahlern lassen auch dieses Bollwerk aufweichen.

Jeder Künstler sollte der Künstlersozialkasse beitreten. Die Riester-Förderung ist dazu immer eine sinnvolle Ergänzung.

Einzahlungen in eine Rürup-Rente bringt steuerliche Vorteile. Die damit verbundenen Gebühren verhindern aber oftmals einen sinnvollen Vermögensaufbau.

Bei fondsgebundenen Rentenversicherungen sollten Sie regelmäßig den Wert Ihrer Fonds überprüfen und gegebenenfalls umschichten.

Der richtige Umgang mit (der) Geld(-anlage)

Bevor Sie Geld investieren, sollten Sie sich **vollständig informieren**, die gewonnenen Erkenntnisse **sorgfältig abwägen** und anschließend **konsequent entscheiden**.

Gier und Angst sind die schlechtesten Ratgeber.

Die Rendite ist der oberste Gradmesser Ihrer Investitionen. Berechnen Sie diese sorgfältig und vergessen Sie nicht die Steuer.

Sie erhalten eine solide Rendite nicht ohne Risiko. Prüfen Sie akribisch, welches Risiko Sie tatsächlich eingehen.

Ein sinnvoll strukturiertes Vermögensportfolio ist das Rückrat Ihrer Altervorsorgeplanung.

Ausgewählte Vermögensanlagen auf dem Prüfstand

Vermietete Wohnimmobilien sollten eine Rendite vor Steuern zwischen 3 % und 5 % haben. Ansonsten entscheidet die Lage, die Lage und noch einmal die Lage.

Das **Eigenheim** wird immer eine Nummer zu groß. Es sollte **ein Drittel Ihres Gesamtvermögens** für den Ruhestand nicht überschreiten. Wohnen sollte auch nicht mehr als ein Drittel Ihrer Gesamtausgaben ausmachen.

Studentenappartements erzielen eine hohe Rendite. Dafür haben Sie auch einen häufigeren Mieterwechsel, der Zeit und Geld kostet.

Die denkmalgeschützte Immobilie bringt erhebliche Steuervorteile. Leider ist der Kaufpreis meist zu hoch, damit sich die Investition rechnet.

Bei Photovoltaikanlagen können Sie durch den Investitionsabzugsbetrag erhebliche Steuerstundungseffekte erzielen. Vergessen Sie trotzdem nicht die Renditeberechnung.
Gold sollte Ihr ultimativer Notgroschen sein. Entweder Sie verstecken die Goldbarren unter Ihrem Bett oder Sie kaufen Xetra-Gold und legen es damit in Ihr Wertpapier-Depot.

Ihr Unternehmen ist die **wichtigste Anlageklasse**. Es erzielt in der Regel die höchste Rendite. Bereiten Sie sich rechtzeitig auf den Unternehmensverkauf vor. Viele scheitern daran und zerstören damit ihr Lebenswerk.

Oldtimer sind ein nettes Männerspielzeug, aber keine Investition für die Altersvorsorge.

„Grüne" Investments verleiten zu emotionalen Entscheidungen. Prüfen Sie deshalb besonders gut das Risiko und die erzielbare Rendite.

Bundesanleihen erzielen derzeit eine negative Realverzinsung. Eine Alternative sind Unternehmensanleihen. Die Schwierigkeit ist dabei, die Bonität des Unternehmens richtig einzustufen.

Aktien sind ein **unverzichtbarer** Bestandteil jeder Altersvorsorge. Achten Sie beim Kauf auf die Dividendenrendite und das Kurs-Gewinn-Verhältnis (KGV).

Investmentfonds bieten die Gelegenheit professionell in alle erdenklichen Märkte und Anlageklassen zu investieren. Sie sind daher idealzur Risikostreuung Ihrer Altersvorsorge. Achten Sie aber auch hier wieder auf die Kosten.

Eine echte Alternative zu Investmentfonds sind börsennotierte Indexfonds. Die Kosten sind wesentlich geringer. Dafür haben Sie kein aktives Management des Portfolios.

Tages- und Festgeldkonten sind keine Vermögensanlage, sondern geben Ihnen Flexibilität, kurzfristig reagieren zu können.

Vermögenswerte sichern

Sichern Sie sich gut gegen elementare Risiken ab. Der Abschluss von Krankentagegeld- und Risikolebensversicherung ist meist unproblematisch. Die Absicherung der Berufsunfähigkeit ist dagegen äußerst schwierig. Neben der klassischen Erwerbsunfähigkeitsversicherung **muss** auch die **50 %ige Erwerbsunfähigkeit** verisichert sein. Fragen Sie in diesem Zusammenhang auch nach einer Grundfähigkeitsversicherung und einer Dread-Disease-Versicherung.

Ein **Ehe- und Erbvertrag** sind für jeden Selbstständigen **Pflicht**. Der Notar beurkundet nicht nur, sondern er kann Sie auch beraten.

Den Nachlass regeln – Ruhestandsplanung für die nächste Generation

Regeln Sie **rechtzeitig** Ihren Erbwunsch. Wenn es schon zu Lebzeiten Streitigkeiten um das Erbschaftsvermögen gibt, dann geben Sie es lieber selber aus.

Gemeinnützige Stiftungen bringen zu Lebzeiten erhebliche Steuervergünstigungen. Sie können darüber hinaus der Versorgung des Stifters und dessen Familie dienen.

9 | Anhang

9.1 Schnellübersicht „Lifemap"

Schnellübersicht Vermögensplanung [1]

1. Mein derzeitiges Reinvermögen beträgt:

_____ €

2. Meine jährliche Liquidität beläuft sich auf:

_____ €

3. Mein geplanter jährlicher Vermögenszuwachs beträgt:

_____ €

4. Wieviel Rendite erwirtschaften meine Vermögensanlagen?

_____ % Netto (nach Steuern)

_____ % Netto (nach Steuern)

_____ % Netto (nach Steuern)

_____ % Netto (nach Steuern)

[1] _Bei Ermittlung der aufgeführten Positionen unterstützt Sie Ihr Steuerberater._

Schnellübersicht Absicherung biometrischer Risiken

	Versicherungsleistungen / sonstige Zahlungseingänge		Art der Absicherung
	monatlich	Einmahlzahlung	
1. Im Todesfall			Risikolebens-versicherung
• Tod der Ehefrau:	_____ €	_____ €	
• Tod des Ehemannes:	_____ €	_____ €	
2. Bei einer Berufsunfähigkeit			50%-BU-Versicherung Grund-unfähigkeits-versicherung
• durch Krankheit:	_____ €	_____ €	
• durch Unfall:	_____ €	_____ €	
3. Bei einer Erwerbsunfähigkeit	_____ €	_____ €	100%-BU-Versicherung
4. Im Krankheitsfall			
• ab der ____ Woche:	_____ €	_____ €	Kranken-tagegeld-versicherung
• bei vorübergehender Schließung des Unternehmens *	_____ €	_____ €	Praxisausfall-versicherung
• bei Eintritt einer „schweren Krankheit"		_____ €	Dread Disease Versicherung

Schnellübersicht Altersvorsorgeplanung

1. Bis zum geplanten Ruhestand im Jahr _____

   soll mein Reinvermögen _____€ betragen.

2. Wie soll mein Zielvermögen* strukturiert sein?

   - Eigenheim: _____€

   - Private Rentensysteme: _____€

   - Aktien: _____€

   - Vermietete Immobilien: _____€

   - Liquide Mittel: _____€

   - Sonstiges: _____€

   Zeitpunkt: Eintritt in Ruhestand

2. Wie hoch soll mein jährliches passives Einkommen (nach Steuern) im Ruhestand sein?

   _____€

Schnellübersicht Risikoplanung

1. Besteht eine Vorsorgevollmacht?

    ❑ ja   ❑ nein

2. Gibt es eine Patientenverfügung?

    ❑ ja   ❑ nein

3. Besteht ein Ehevertrag?

    ❑ ja   ❑ nein

Wenn ja, seit wann? _____

4. Welcher Güterstand ist vereinbart?

- Gesetzlicher Güterstand = Zugewinn ❑ ja   ❑ nein

- Gütergemeinschaft ❑ ja   ❑ nein

- Gütertrennung ❑ ja   ❑ nein

Schnellübersicht Generationenplanung

1. Wer sind die erbberechtigten Personen?

_____

_____

2. Wer soll erben?

_____

_____

3. Besteht ein Testament oder Erbvertrag

     ❑ ja   ❑ nein

Wenn ja, seit wann? _____

Letztmalig geändert am _____

Das Testament ist hinterlegt bei: _____

Als Testamentsvollstrecker ist benannt: _____

4. Sind Schenkungen zu Lebzeiten erfolgt?

     ❑ ja   ❑ nein

Personen: _____

_____

Betrag: _____

Datum: _____

9.2 Auswertung „Private Finanzbuchhaltung"

Private Finanzbuchhaltung

DATEV-CHEFÜBERSICHT   Vermietete Wohnobjekte   Auswertungsmonat: Dez 2013

		Alle **Alle Kst.**	**1** Musterplatz	**2** Teststadt T	**3** MFH Musterst	**4** EFH Testst.
Zeile	Bezeichnung	Ist-Wert	Ist-Wert	Ist-Wert	Ist-Wert	Ist-Wert
10						
20	Mieteinnahmen	**28.544,09**	6.695,58	11.119,64	2.982,86	7.746,01
30						
40	Ausgaben					
50						
60	Zinsen	**8.061,11**	1.890,89	3.140,29	842,39	2.187,54
70	Abschreibungen	**6.630,18**	1.555,25	2.582,85	692,85	1.799,23
80	Reparaturen/Instandh	**4.313,53**	1.011,83	1.680,38	450,76	1.170,56
90	Hausgeld./Hausverw.	**11.068,18**	2.596,27	4.311,72	1.156,62	3.003,57
110	Strom/Gas/Wasser	**142,70**	33,48	55,59	14,91	38,72
120	Grundsteuer	**350,63**	82,25	136,59	36,64	95,15
130	Versicherungen	**88,24**	20,70	34,37	9,22	23,95
140	Sonstiger Aufwand	**5.136,46**	1.2004,86	2.000,96	536,76	1.393,88
150						
160	Summe Ausgaben	**35.791,03**	8.395,53	13.942,75	3.740,15	9.712,60
170						
180	**Einnahmen-Ausgaben**	**-7.246,94**	**-1.699,95**	**-2.823,11**	**-757,29**	**-1.966,59**
190						
200	- Tilgungen	**-28.284,79**	-6.643,77	-11.018,62	-2.955,76	-7.675,64
210	+ Abschreibung	**6.630,1**	1.555,25	2.582,85	692,85	1.799,23
220						
230	**Liquidität**	**-28.901,55**	**-6.779,47**	**-11.258,88**	**-3.020,20**	**-7.843,00**

Private Finanzbuchhaltung

DATEV: Private Mittelverwendung   Aufgelaufene Werte Jan 2013 - Dez 2013

Zeile	Bezeichnung	Bzg.	Menge	Ist-Wert
Vermögensaufbau				
20	Lebensversicherung			16.142,00
30	Versorgungswerk			22.671,08
50	Beteiligungen			308.368,93
60	Depot / Wertpapiere			17.943,40
90	Immobilien (nur Tilgung)			28.284,79
99	Vermögenserhalt Immobilien			71.888,11
100	Sonstiges Vermögen			50.782,42
110	**Summe Vermögensaufbau**			**516.080,73**
Risikoabsicherung				
135	Krankenversicherung			5.258,35
140	Risiko-LV			9.433,14
150	Unfallversicherung			206,32
190	**Summe Risikoabsicherung**			**14.897,81**
Konsum				
220	Wohnen			34.666,72
230	Lebenshaltungskosten			83.627,13
240	PKW			2.911,39
245	Kinder			18.391,83
250	Urlaub			16.966,99
270	**Summe Konsum**			**156.564,06**
280	**Steuern**			**458.303,37**
330	**GESAMTSUMME**			**1.145.845,97**
340	**Entnahmen Unternehmen**			**1.145.845,97**
350	**Überschuss**			**0,00**

9.3 Beispiel Private Finanz- und Vermögensplanung

DATEV Private Vermögensanalyse und DATEV Private Finanz- und Vermögensplanung

Muster Risiko- und Ruhestandsplanung

Private Finanz- und Vermögensplanung für Heidi Mustermann und Thomas Mustermann

- Simulation von Risikoereignissen und des Ruhestands

- Planungszeitraum Januar 2012 bis Dezember 2020

Sehr geehrte Frau Mustermann,
sehr geehrter Herr Mustermann,

wir haben für Sie Ihre private Finanz- und Vermögensplanung über mehrere Planjahre erstellt. Ausgehend von der Darstellung der aktuellen Vermögens- und Zahlungssituation soll sie Ihre mögliche zukünftige Entwicklung aufzeigen. Die Planung umfasst auch die Simulation von persönlichen Risiko- oder Ruhestandsszenarien.

Die Steuern wurden grundsätzlich nach der aktuellen Gesetzeslage ermittelt. Bereits beschlossene Änderungen in der Besteuerung wurden für die Planjahre bereits angewandt.
Sofern uns zum Zeitpunkt der Planungserstellung finanzielle Vorhaben der Zukunft bekannt waren, sind diese berücksichtigt worden.

[...] *

Annahmen zur Planung

Ihre private Finanz- und Vermögensplanung umfasst den Zeitraum von Januar 2012 bis Dezember 2020 und zeigt damit den Verlauf über 9 Jahre.

Für die Simulation wird für Thomas Mustermann eine Lebenserwartung von 80 Jahren unterstellt.
Für Heidi Mustermann beträgt das erwartete Lebensalter 85 Jahre.

Überschüssige oder fehlende Geldmittel eines Jahres im Betrachtungszeitraum werden in einem Verrechnungskonto festgehalten und wirken sich auf die Vermögensdarstellungen folgender Jahre aus.
Als Verzinsung des fiktiven Kontos werden ein Guthabenzinssatz von 2,50 % und ein Schuldzinssatz von 10,00 % für die Planungsberechnungen angenommen.

Als persönliches Risiko wird ab Januar 2015 bei Thomas Mustermann eine Berufsunfähigkeit simuliert, die 18 Monate andauert.

Der Ruhestand beginnt bei Thomas Mustermann im Juli 2016 im Alter von 66 Jahren.
Heidi Mustermann geht im Juli 2018 mit 65 Jahren und 4 Monaten in den Ruhestand.

[...]*

Hinweis: Der obige Auftragstext und die Annahmen zur Planung wurden hier für Zwecke der Muster-Auswertungen gekürzt. Auch die nachfolgenden Auswertungen zu Vermögensbilanz und Vermögensstruktur enthalten aus Platzgründen jeweils nur eine Darstellung für ein bzw. zwei Zeitpunkte.

Der Ruhestand beginnt bei Thomas Mustermann im Juli 2016 im Alter von 66 Jahren.
Heidi Mustermann geht im Juli 2016 mit 65 Jahren und 4 Monaten in den Ruhestand.

[...]*

*__Hinweis:__ *Der obige Auftragstext und die Annahmen zur Planung wurden hier für Zwecke der Muster-Auswertungen gekürzt. Auch die nachfolgenden Auswertungen zu Vermögensbilanz und Vermögensstruktur enthalten aus Platzgründen jeweils nur eine Darstellung für ein bzw. zwei Zeitpunkte.*

Vermögensentwicklung

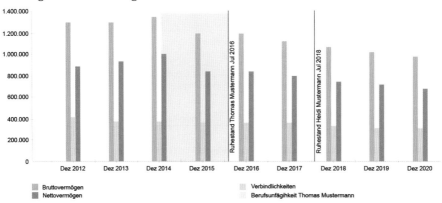

Liquiditätsentwicklung

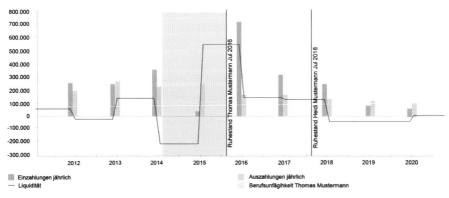

Entwicklung des Nettovermögens im Vergleichszeitraum

Ihr Nettovermögen entwickelt sich im betrachteten Vergleichszeitraum **negativ**.
Die Vermögensabnahme beträgt 153.243 Euro.
Damit ist Ihr Nettovermögen im Dezember 2020 um 18,38 % niedriger als im
Januar 2012.
Die Verbindlichkeiten im Dezember 2020 betragen 310.862 Euro.

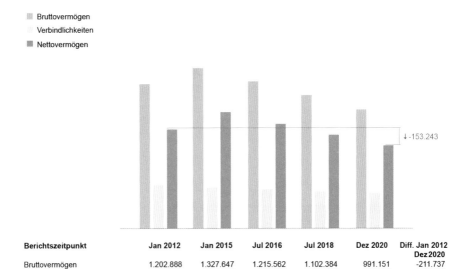

■ Bruttovermögen
  Verbindlichkeiten
■ Nettovermögen

↓ -153.243

Berichtszeitpunkt	Jan 2012	Jan 2015	Jul 2016	Jul 2018	Dez 2020	Diff. Jan 2012 Dez 2020
Bruttovermögen	1.202.888	1.327.647	1.215.562	1.102.384	991.151	-211.737
Verbindlichkeiten	369.356	354.976	343.601	329.817	310.862	-58.494
Nettovermögen	**833.532**	**972.671**	**871.961**	**772.567**	**680.289**	**-153.243**

Zusammensetzung des Bruttovermögens im Betrachtungszeitraum

Die Simulation eines persönlichen Risikos oder des Ruhestandsbeginns kann zu Größenänderungen von Vermögenspositionen geführt haben.

Innerhalb Ihres Bruttovermögens sind die Positionen Guthaben Liquiditätskonto und Liquides Vermögen mit 4619,38 % und 0,10 % am deutlichsten gewachsen. Ihr Vermögensbereich Guthaben Liquiditätskonto ist im Dezember 2020 um 714.572 Euro, Ihr Bereich Liquides Vermögen um 109 Euro höher als im Januar 2012.

Die Positionen Unternehmen/Beteiligungen und Immobilien sind mit 100.00 % und 64,80 % am stärksten gesunken.
Ihr Vermögensbereich Unternehmen/Beteiligungen ist im Dezember 2020 um 450.000 Euro, Ihr Bereich Immobilien um 254.000 Euro geringer als im Januar 2012.

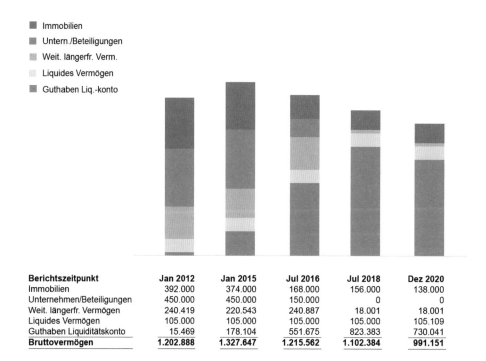

- ■ Immobilien
- ■ Untern./Beteiligungen
- ▩ Weit. längerfr. Verm.
- ▨ Liquides Vermögen
- ■ Guthaben Liq.-konto

Berichtszeitpunkt	Jan 2012	Jan 2015	Jul 2016	Jul 2018	Dez 2020
Immobilien	392.000	374.000	168.000	156.000	138.000
Unternehmen/Beteiligungen	450.000	450.000	150.000	0	0
Weit. längerfr. Vermögen	240.419	220.543	240.887	18.001	18.001
Liquides Vermögen	105.000	105.000	105.000	105.000	105.109
Guthaben Liquiditätskonto	15.469	178.104	551.675	823.383	730.041
Bruttovermögen	**1.202.888**	**1.327.647**	**1.215.562**	**1.102.384**	**991.151**

Zusammensetzung der Verbindlichkeiten im Betrachtungszeitraum

Die Simulation eines persönlichen Risikos oder des Ruhestandsbeginns kann zu Größenänderungen von Positionen geführt haben.

Im Bereich Ihrer Immobilien ist der Rückgang der Verbindlichkeiten zwischen Januar 2012 und Dezember 2020 mit 58.494 Euro (30,89 %) zu verzeichnen.

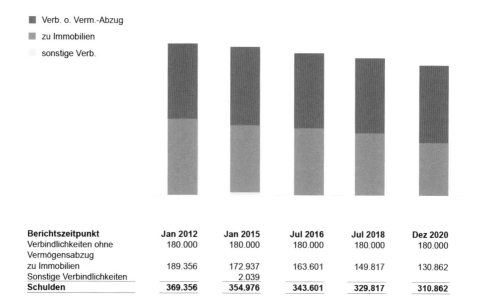

■ Verb. o. Verm.-Abzug
■ zu Immobilien
░ sonstige Verb.

Berichtszeitpunkt	Jan 2012	Jan 2015	Jul 2016	Jul 2018	Dez 2020
Verbindlichkeiten ohne Vermögensabzug	180.000	180.000	180.000	180.000	180.000
zu Immobilien	189.356	172.937	163.601	149.817	130.862
Sonstige Verbindlichkeiten		2.039			
Schulden	**369.356**	**354.976**	**343.601**	**329.817**	**310.862**

Entwicklung der Zahlungen im Vergleichszeitraum

Ihr monatlicher Liquiditätssaldo vermindert sich zwischen Januar 2012 und Dezember 2020 um 6.148 Euro.

Der Liquiditätsbedarf im Dezember 2020 beträgt 1.679 Euro.

Berichtszeitpunkt	Jan 2012	Jan 2015	Jul 2016	Jul 2018	Dez 2020	Diff. Jan 2012 Dez 2020
Einzahlungen	20.404	4.074	305.935	155.669	6.807	-13.597
- Auszahlungen	15.935	19.455	10.962	10.575	8.486	-7.449
Überschuss/Unterdeckung (-)	**4.469**	**-15.381**	**294.973**	**145.094**	**-1.679**	**-6.148**

Zusammensetzung der Einzahlungen im Betrachtungszeitraum

Die Simulation eines persönlichen Risikos oder des Ruhestandsbeginns kann zu Größenänderungen bei den Einzahlungen geführt haben.

Ihre Einnahmen aus Unternehmen und Beteiligungen und aus sonstigen Quellen haben sich mit 100,00 % und 100,00 % am stärksten verringert.
Im Dezember 2020 sind Ihre Einnahmen aus Unternehmen und Beteiligungen um 18.154 Euro, die Einnahmen aus sonstigen Quellen um 154 Euro niedriger als im Januar 2012.

Ihre Einnahmen Guthabenzinsen Liquiditätskonto sind um 5537,04 % gewachsen. Im Dezember 2020 sind Ihre Einnahmen aus weit. längerfristigen Vermögen um 2.000 Euro, die Einnahmen Guthabenzinsen Liquiditätskonto um 1.495 Euro höher als im Januar 2012.

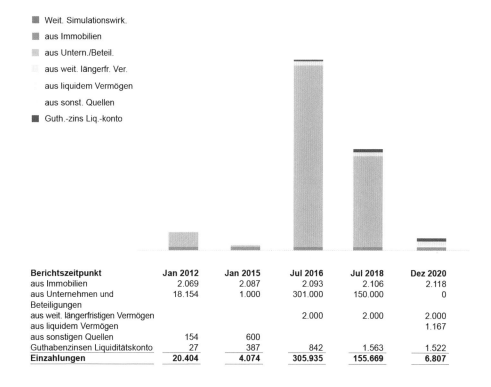

Berichtszeitpunkt	Jan 2012	Jan 2015	Jul 2016	Jul 2018	Dez 2020
aus Immobilien	2.069	2.087	2.093	2.106	2.118
aus Unternehmen und Beteiligungen	18.154	1.000	301.000	150.000	0
aus weit. längerfristigen Vermögen			2.000	2.000	2.000
aus liquidem Vermögen					1.167
aus sonstigen Quellen	154	600			
Guthabenzinsen Liquiditätskonto	27	387	842	1.563	1.522
Einzahlungen	**20.404**	**4.074**	**305.935**	**155.669**	**6.807**

Zusammensetzung der Auszahlungen im Betrachtungszeitraum

Die Simulation eines persönlichen Risikos oder des Ruhestandsbeginns kann zu Größenänderungen bei den Auszahlungen geführt haben.

Ihre Ausgaben aus Unternehmen und Beteiligungen und für weiteres längerfristiges Vermögen haben sich mit 100,00 % und 100,00 % am deutlichsten verringert.
Im Dezember 2020 sind Ihre Ausgaben aus Unternehmen und Beteiligungen um 2.974 Euro, die Ausgaben für weiteres längerfristiges Vermögen um 1.764 Euro niedriger als im Januar 2012.

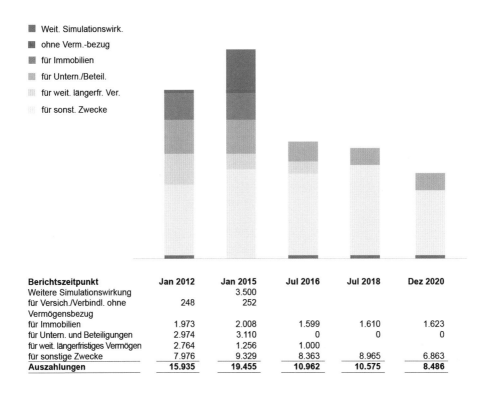

Berichtszeitpunkt	Jan 2012	Jan 2015	Jul 2016	Jul 2018	Dez 2020
Weitere Simulationswirkung		3.500			
für Versich./Verbindl. ohne Vermögensbezug	248	252			
für Immobilien	1.973	2.008	1.599	1.610	1.623
für Untern. und Beteiligungen	2.974	3.110	0	0	0
für weit. längerfristiges Vermögen	2.764	1.256	1.000		
für sonstige Zwecke	7.976	9.329	8.363	8.965	6.863
Auszahlungen	**15.935**	**19.455**	**10.962**	**10.575**	**8.486**

Vermögensbilanz Januar 2012

Aktiva		Passiva	
		Nettovermögen	**833.532**
Bruttovermögen	**1.202.888**	**Verbindlichkeiten**	**369.356**
Immobilien	**392.000**	**Verbindlichkeiten ohne Vermögensbezug**	**180.000**
Selbstgenutzte Immobilien	**200.000**	WoRecht Testament K. Mustermann - Kapitalwert	180.000
Musterallee 3 - Verkehrswert	200.000		
Vermietete Immobilien	**192.000**	**zu Immobilien**	**189.356**
Musterplatz 1 - Verkehrswert	192.000	**zu vermieteten Immobilien**	**189.356**
		Musterplatz 1 / Finanz. 112233 – Restschuld	124.165
Unternehmen und Beteiligungen	**450.000**	Musterweg 2a / Finanz. 334455 – Restschuld	65.191
Unternehmerische Beteiligungen	**300.000**		
Praxisgemeinschaft - Verkehrswert	300.000		
Passive Beteiligungen	**150.000**		
Supermustertanker - Verkehrswert	150.000		
Weiteres längerfristiges Vermögen	**240.419**		
Sonstiges Sachvermögen	**21.001**		
Gemälde – Verkehrswert	18.000		
Privat-KFZ 1 – Zeitwert	3.001		
Lebensversicherungen	**219.418**		
LebenV 12345 – Rückkaufs-/Verkehrswert	88.178		
LebenV 45678 – Rückkaufs-/Verkehrswert	65.620		
LebenV 56789 – Rückkaufs-/Verkehrswert	65.620		
Liquides Vermögen	**105.000**		
Investmentanteile	**100.000**		
MusterFonds – Rücknahmewert	100.000		
Guthaben	**5.000**		
MusterFlex – Nennwert	5.000		
Guthaben Liquiditätskonto	**15.469**		
Summe Aktiva	**1.202.888**	**Summe Passiva**	**1.202.888**

Vermögensbilanz Dezember 2020

Aktiva

Bruttovermögen	991.151
Immobilien	**138.000**
Vermietete Immobilien	**138.000**
Musterplatz 1 - Verkehrswert	138.000
Unternehmen und Beteiligungen	**450.000**
Unternehmerische Beteiligungen	**300.000**
Praxisgemeinschaft - Verkehrswert	300.000
Passive Beteiligungen	**150.000**
Supermustertanker - Verkehrswert	150.000
Weiteres längerfristiges Vermögen	**18.001**
Sonstiges Sachvermögen	**18.001**
Gemälde – Verkehrswert	18.000
Privat-KFZ 2 – Zeitwert	1
Liquides Vermögen	**105.109**
Steuererstattungsansprüche	**109**
ESt-Erstattungsanspruch	81
SolZ-Erstattungsanspruch	23
KiSt-Erstattungsanspruch	5
Investmentanteile	**100.000**
MusterFonds – Rücknahmewert	100.000
Guthaben	**5.000**
MusterFlex - Nennwert	5.000
Guthaben Liquiditätskonto	**730.041**
Wirkung der Ruhestandssimulation	**-450.000**
Wirkung detaillierter Angaben	**-450.000**
Wertkorrekturen	-450.000
Praxisgemeinschaft	-300.000
Supermustertanker	-150.000
Summe Aktiva	**991.151**

Passiva

Nettovermögen	680.289
Verbindlichkeiten	**310.862**
Verbindlichkeiten ohne Vermögensbezug	**180.000**
WoRecht Testament K. Mustermann - Kapitalwert	180.000
zu Immobilien	**130.862**
zu vermieteten Immobilien	**130.862**
Musterplatz 1 / Finanz. 112233 – Restschuld	88.617
Musterweg 2a / Finanz. 334455 – Restschuld	42.245
Summe Passiva	**991.151**

Vermögensstruktur Dezember 2020

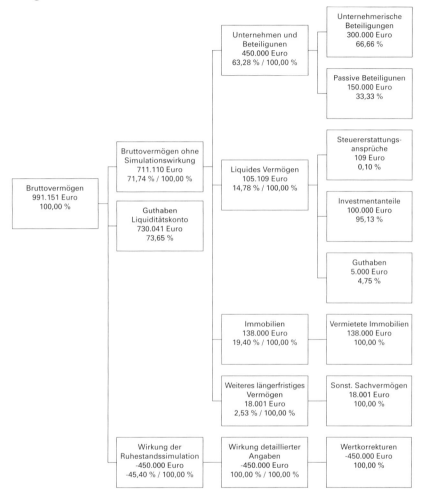

Verbindlichkeitenstruktur Dezember 2020

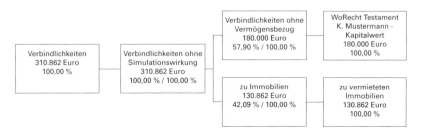

Risikovorsorgestatus zum 31.12.2011

...für Dr. Thomas Mustermann		Euro
Tod		
LebenV 12345	Leistung im Todesfall	60.000
LebenV 45678	Leistung im Todesfall	160.000
UnfallV 7777-2	Hinterbliebenenrente pro Monat	130
Summe einmalige Leistungen		220.000
Summe monatliche Leistungen		130
Krankheit		
UnfallV 7777-2	Krankengeld pro Monat	170
DreadDV 2468-1	Versicherungssumme	12.000
Summe einmalige Leistungen		12.000
Summe monatliche Leistungen		170
Berufsunfähigkeit		
UnfallV 7777-2	Vollinvaliditätsleistung	60.000
	Unfallrente pro Monat	400
BerufUV 13579	Vertragliche Monatsrente	600
Summe einmalige Leistungen		60.000
Summe monatliche Leistungen		1.000

...für Heidi Mustermann		
Tod		
LebenV 56789	Leistung im Todesfall	180.000
Krankheit		
UnfallV 7777-1	Krankengeld pro Monat	170
PrivKV 3434-1	Vertragliches Krankentagegeld	250
Summe monatliche Leistungen		170
Summe tägliche Leistungen		250
Berufsunfähigkeit		
UnfallV 7777-1	Vollinvaliditätsleistung	60.000
Vermögensgegenstände mit Risikoabsicherung		
Musterplatz 1		
WohnGV 2323-1	Versicherungssumme	130.000
Privat-KFZ 1		
HaftPV 1212-1	Deckungssumme pro Schadensfall/Alle Schäden	1.000.000
Sachversicherungen		
HausRV 1414141414-1	Versicherungssumme	25.000

Abbildungsverzeichnis

Quellenverzeichnis

www.abv.de	Arbeitsgemeinschaft berufsständischer Versorgungseinrichtungen e.V. (ABV)
www.deutsche-rentenversicherung-bund.de	Deutsche Rentenversicherung Bund
www.depotfinder.de	Unterstützung bei der Suche nach Investmentfonds
www.forum-ng.org	Forum nachhaltige Geldanlagen e.V.
www.knightfrankblock.com	Informationen bei Anlage in Luxusgütern
www.künstlersozialkasse.de	Homepage der Künstlersozialkasse
www.ishares.com	Unterstützung bei der Suche nach ETFs
www.schiffsfonds-schadenshilfe.de	Rat für Beteiligte an Schiffsfonds
www.sg-fuer-prokon-anlager.de	Rat für Prokon-Geschädigte
www.test.de/fonds	Unterstützung bei der Suche nach Investmentfonds
www.vzbv.de	Verbraucherzentrale Bundesverband
www.weltsparen.de	Zugang zu Festzinskonten im Ausland
www.zinsen-berechnen.de	Diverse Finanz-Berechnungshilfen
www.test.de/rechner	Diverse Finanz-Berechnungshilfen

Stichwortverzeichnis